potポットブックス

まいにち元気！

3歳児のあそびBook

チャイルド本社

まいにち元気! 3歳児のあそびBOOK

Contents

4月のあそび

5月のあそび

6月のあそび

7月のあそび

8月のあそび

9月のあそび

10月のあそび

11月のあそび

12月のあそび

1月のあそび

2月のあそび

3月のあそび

げんきにハーイ!

ねらい

元気よく返事をして、友達や保育者といっしょに遊ぶ楽しさを味わう。

1

保育者は、「♪あきらちゃん」の歌詞の部分に、クラス名を当てはめて言います。子どもたちは元気よく「ハーイ!」と言って手を挙げます。

うさぎぐみさん!
ハーイ!

2

1と同様に、今度は「男の子」と言い、当てはまる子が手を挙げます。女の子や個人の名前など、アレンジして楽しみましょう。

男の子!
ハーイ!
あっ!
違う!

げんきにハーイ! (作詞・作曲/たかはしあきら&オマチマン)

だい す き な　き み の な ま え を ー　メ ロ デ ィ に の せ て いち に さん!
あ き ら ちゃ ん　あ き ら ちゃ ん　あ き ら ちゃ ん　「ハーイ!」

おんなじおんなじ

ねらい

遊びを通して、新しい友達や保育者と親しむ。

1

保育者は子どもたちに簡単な質問をします。当てはまる子は「はい！」と言い、その場で立ち上がります。

りんごが好きな人？
はい！
はい！
はい！

質問例

- 朝ごはんにパンを食べてきた人？
- 赤い色が好きな人？
- 男の子？
- 髪の毛が長い子？

2

立ち上がった子同士、「おんなじおんなじ」と言い合います。

おんなじ
おんなじ！
おんなじ
おんなじ！
おんなじ
おんなじ！

先生はどーこだ？

ねらい
保育者を捕まえる遊びで、保育者とのスキンシップを楽しむ。

1
子どもたちは保育者に背を向けて座り、目を隠します。保育者は10数えながら、子どもたちから遠ざかります。

1、2、3、4、
……

2
数え終わったら「先生を捕まえてねー！」と言葉をかけます。

もういいよ、
先生はどーこだ？
先生を捕まえてねー！
先生～
ワー

3
子どもたちに捕まえられたら、思い切り抱き締めましょう。

先生捕まえた！
ギュー
わたしも捕まえた！

友達はど・こ・だ?

ねらい

保育者や友達とやりとりしながら遊び、友達のことを知って、親しみを感じる。

1

保育者は子どもを1人選んで、名前を呼びます。呼ばれた子はその場で手を挙げて、他の子はその子に向かって手を振ります。

○○くんは
どーこだ？
輪にした太めの
キラキラモール
はい！

2

保育者はその子の首にキラキラモールをかけて、好きな食べ物などの質問をします。子どもが答えたら他の子は拍手をしてあげます。

好きな食べ物は
なんですか？
わたしも
好きだよ
メロンです
ぼくもー！

春風を捕まえろ！

ねらい
屋外で思い切り体を動かしながら、春の風を感じて遊ぶ。

1
2人1組でカラーポリ袋の口の部分を持ち、走りながら袋の中に風を集めます。

カラーポリ袋の底の部分に、切ったスズランテープを貼る。
いっぱい入れたいね！
集めろ！

2
春風が入ったボールを投げたり、飛ばしたりして遊びます。

ぎゅ

袋の口を輪ゴムできつく結びます。空気が足りないようなら、息を吹き込んで膨らませます。

綿毛ごっこ

ねらい
たんぽぽの綿毛の様子を想像しながら、綿毛になりきって遊ぶ。

1
子どもたちは体を寄せ合って、綿毛になります。

綿毛みたいに
くっついてー
綿毛！

2
保育者の合図で、綿毛になった子どもたちは飛んで（走って）行きます。

フーッて吹いたら
飛んで行ってね
せーの、フーッ！
フワフワー
フワフワー

3
保育者の「ストップ！」の合図で子どもたちは座ります。保育者は綿毛を探しに行きます。

綿毛さんは
どこに落ちたかなー
ぼく
ここだよ！

一人ひとり順番に「〇〇ちゃん綿毛見一つけた！」と言って抱き締めてあげましょう。

○○ちゃん　おはいり

ねらい

友達と手をつないで遊ぶことを楽しみ、自然に名前を覚え合う。

1

子どもたちは輪になって手をつなぎ、チューリップさん役（初めは保育者）の周りをうたいながら回ります。

♪チューリップ　シャーリップ…
チューリップさん

2

「♪あっぷっぷ」で止まり、チューリップさんは、目の前にいる子と握手をします。
「♪○○ちゃん　おはいり」は、その子の名前を入れてうたいます。

♪あっぷっぷ　○○ちゃん　おはいり

3

「♪はい　ありがとう」で、握手をした子が、次の「チューリップさん」として輪の中に入り、繰り返します。

♪はい
ありがとう

慣れるまでは、保育者といっしょに入ってもよいでしょう。

チューリップ　シャーリップ
（わらべうた）

チュー　リッ　プ　シャー　リッ
プ　おん　り　き　り　き　り　き
あっ　ぷっ　ぷ　○　○　○
ちゃん　お　は　い　り　はい
あ　り　が　と　う

まね・まね・だれのまね？

ねらい

保育者のまねをすることで、同じ動きでいっしょに遊ぶ楽しさを味わう。

1

保育者の動きを見て動物を当て、まねをして遊びます。

❶♪だれかがやってきた

♪だーれかーが
やってきた

手拍子に合わせてうたいます。

❷♪ながいおみみで
ピョンピョンピョン
だれだ

動きをして見せ、ヒントを出します。

❸♪せーの、ピョンピョンピョン
ピョンピョンピョン

当たり！
うさぎさんでした
せーの
ピョン
ピョン！

子どもたちから正解が出たら「当たり！○○さんでした」と言って動物のまねをします。子どもたちもまねをして動きます。

2

他の動物でもやってみましょう。

ながいおはなを
ブーラブーラ
だーれだ？
ぞうさん！
せーの
ブ〜ラ
ブ〜ラ

まね・まね・だれのまね？

（作詞・作曲／渡辺リカ）

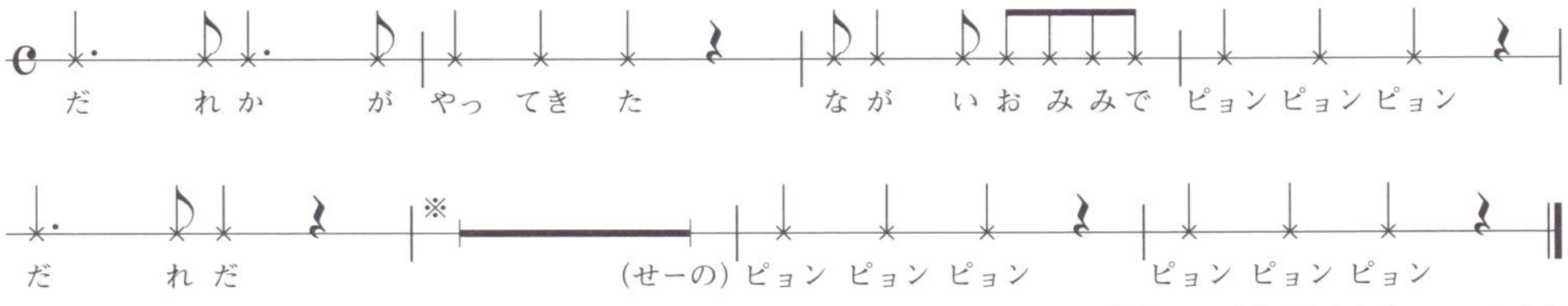
だ れ か が やっ て き た な が い お み み で ピョン ピョン ピョン
だ れ だ ※ （せーの）ピョン ピョン ピョン ピョン ピョン ピョン

※ここでいったん区切り、子どもたちと当てっこします

5月

手を挙げてゲーム

ねらい
保育者の指示を聞いて動き、友達との関わりを楽しむ。

1 保育者は「手を挙げて」と言い、子どもたちは好きなように手を挙げます。

「手を挙げて」と言ったら、
片方の手を挙げるか、
両手を挙げてね
手を挙げてー
はーい
はーい

2 手の挙げ方が同じ子同士が集まって、手をつなぎます。

片手の子同士、
両手の子同士で
集まってー
おんなじ、おんなじ
わたしたちもおんなじ

かえるさんごっこ

ねらい
かえるの成長を想像しながらかえるになったつもりで遊ぶ。

1 しゃがんで頭の上に手を置き、かえるの卵になります。

かえるは最初は卵なんだよ
みんなで卵になってみよう
かえるの卵！
揺れてるよ〜
ユラ
ユラ

2 おたまじゃくしのイメージで動きます。

春でーす
卵からおたまじゃくしが
生まれたよー
スイスイ
スイスイ泳ぐよ
スイスイ

3 かえるのようにジャンプをしたり、語尾に「ケロ」を付けて話したりして遊びましょう。

足が出て、
しっぽがなくなって、
かえるになったケロ
ピョン
かえるだケロ
ぼくもケロ
ピョン
ケロケロ

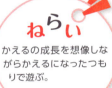

あっちこっち風船

フープをところどころに置きます。膨らませた風船をスティックで軽く打ちながら、フープの中に入れます。

ねらい
風船の不安定な動きを楽しみながら、打ち方を工夫して遊ぶ。

スティックの作り方

新聞紙５～６枚を棒状に丸める。

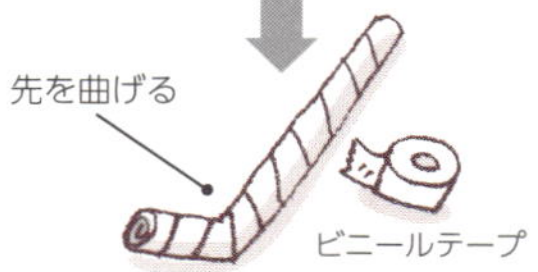

先を少し曲げてビニールテープで巻く。

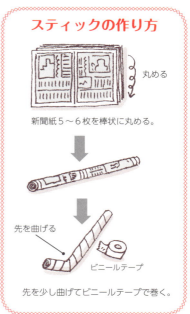

ロケットを飛ばそう

傘袋のロケットを思い切り飛ばして遊びます。

ねらい

ロケットを飛ばしたり追いかけたりしながら、外でのびのびと遊ぶ。

ロケットの作り方

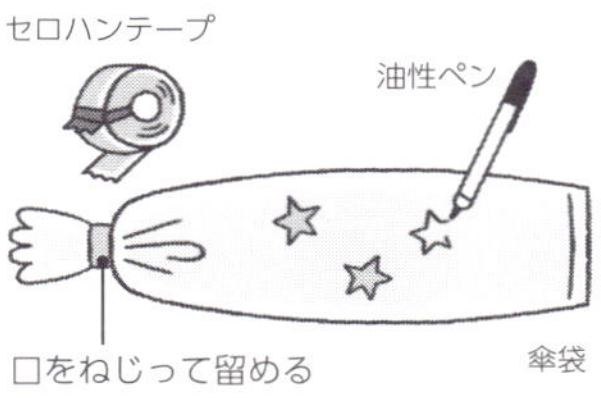

傘袋を膨らませて口をねじり、セロハンテープで留める。油性ペンで模様を描く。

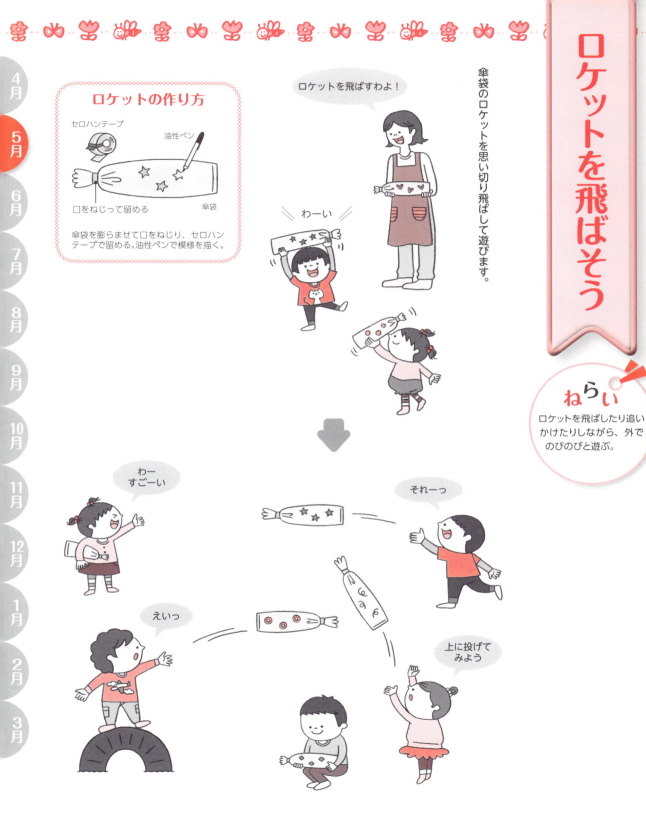

これ おいしい！

ねらい

食事をテーマにした歌遊びで、食べるうれしさを表現する。

リズムに乗って体を動かして遊びます。

❶♪あさごはは

2回手をたたきます。

❷♪ん

右手を斜め上に伸ばしながら、
右足を前に出します。

❸♪あさごはん

❶❷を左手、左足で同様にします。

❹♪きちんと　すわって

ひざをついて、つま先を立てて
座ります。

❺♪おちついて

おじぎをします。

❻♪ひとくち　みそしる
のんだなら

食べるまねをします。

❼♪これ　おいしい

後ろに大きく反ってから、
元に戻ります。
2番3番も同様にします。

これおいしい！

（作詞／福田りゅうぞう　作曲／谷口國博）

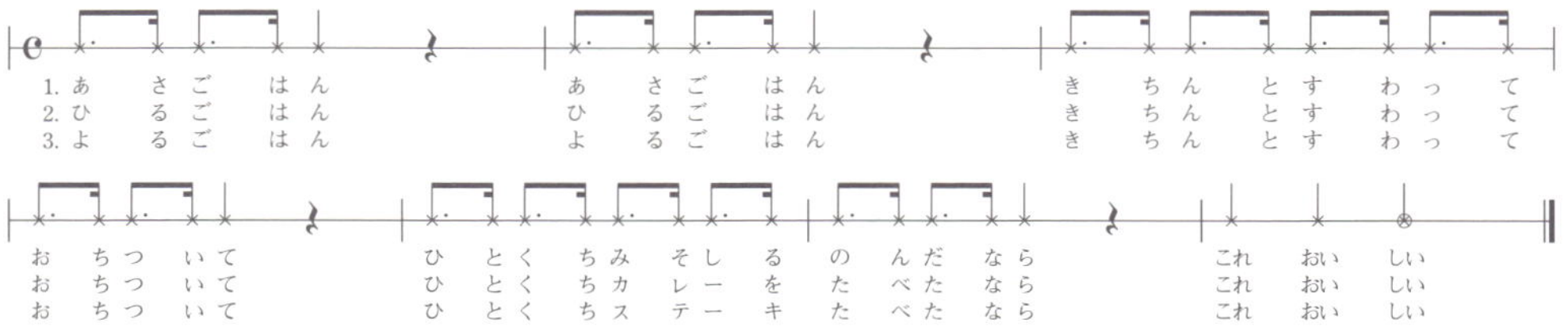
1. あさごはん　あさごはん　きちんとすわって
2. ひるごはん　ひるごはん　きちんとすわって
3. よるごはん　よるごはん　きちんとすわって
おちついて　ひとくちみそしる　のんだなら　これおいしい
おちついて　ひとくちカレーを　たべたなら　これおいしい
おちついて　ひとくちステーキ　たべたなら　これおいしい

散歩に行こう

散歩の楽しさを全身で表現して遊びます。

ねらい
リズムに合わせて全身を動かして遊び、散歩に出かけることへの意欲を高める。

❶♪あおい　おそらで
おひさまが

両手を上げて左右に振ります。

❷♪おいで　おいでと
よんでいる

両手で手招きをします。

❸♪さんぽに　いこう
みんなで　いこう

その場で足踏みしながら、片手を上げたり下ろしたりします。

❹♪ぼうしを　かぶって

両手で頭を軽くたたきます。

❺♪くつ　はいて

片足を前に出し、指さしします。

❻♪げんきに　あるこう
げんきに　あるこう

その場でひと回りします。

❼♪いちに　いちにの
さんぽ

両足でジャンプします。

さんぽに　いこう

（作詞・作曲／浅野ななみ）

あおい　おそらで　おひさまが　おいで　おいでと　よんでいる
さんぽに　いこう　みんなで　いこう　ぼうしを　かぶって　くつはいて
げんきに　あるこう　げんきに　あるこう　いちに　いちにの　さんぽ

大きな新聞ボール

ねらい

新聞紙を裂いて作った大きなボールで全身を使って遊ぶ。

1

新聞紙を縦に細く裂きます。

2

カラーポリ袋に裂いて丸めた新聞紙をどんどん詰めていきます。いっぱいになったらクラフトテープで球体に留めます。2～3個作りましょう。

3

新聞ボールで遊びます。

重ねて遊ぶ。

乗って遊ぶ。

ゴロゴロ転がしてキャッチボールをして遊ぶ。

ぴょんぴょん体操

ねらい

保育者や友達と触れ合い、お互いに親しみや安心感をもって遊ぶ。

1

保育者が「ぴょんぴょん体操が始まるよー！」とかけ声をかけます。

2

リズムに合わせていっしょにジャンプします。

3

小さい輪になって小声で繰り返します。

4

今度は大きな輪になって、大きな声で繰り返します。

5

1に戻り、何度か繰り返して遊びます。

6月

アメアメ降れ降れ！

ねらい

チームの友達といっしょに遊ぶことで、友達と協力して遊ぶ楽しさを知る。

1

子どもたちを「アメ降らせチーム」と「歌うチーム」に分けます。
アメをシーツの上に載せて、両端を保育者が持ちます。

最初はぼくたちが「アメ降らせチーム」だよ
アメがたくさんあるね
丸めたティッシュペーパーをお花紙でキャンディのように包み、アメを作ります。

2

「アメ降らせチーム」がシーツの下に入り、下からシーツをつついて、アメを外に飛び出させます。

えい！
えい！
それー！
♪あめ　あめ　ふれ　ふれ…

「歌うチーム」が「あめふり」の歌をうたっている間に、「アメ降らせチーム」はシーツを下からつついて、アメを落とします。全部出したら交代して遊びます。

●歌●
「あめふり」
（作詞／北原白秋　作曲／中山晋平）

足跡ペタペタ

ねらい
線に沿って走る楽しさと、線が自分の足跡の線に変わっていくおもしろさを味わう。

1 保育者が棒などで園庭に線を引き、子どもたちはその線に沿って走ります。

スタート
待って〜
先生のあとに
ついて来てね

土が少し軟らかくなっている雨上がりの園庭で行うと、線や子どもの足跡が付きやすくなります。

2 スタートとゴールを近づけて、何周も走って遊びます。

みんな最後まで
行けるかな？
スタート
もう１回やろー
ゴール
目が回るよ〜

みんなで何周かしているうちに、最初に引いた線が消えて、子どもの足跡が残っていきます。

わたしは雨粒ちゃん

かっぱを着て、雨粒になったつもりで遊びます。

かっぱの作り方

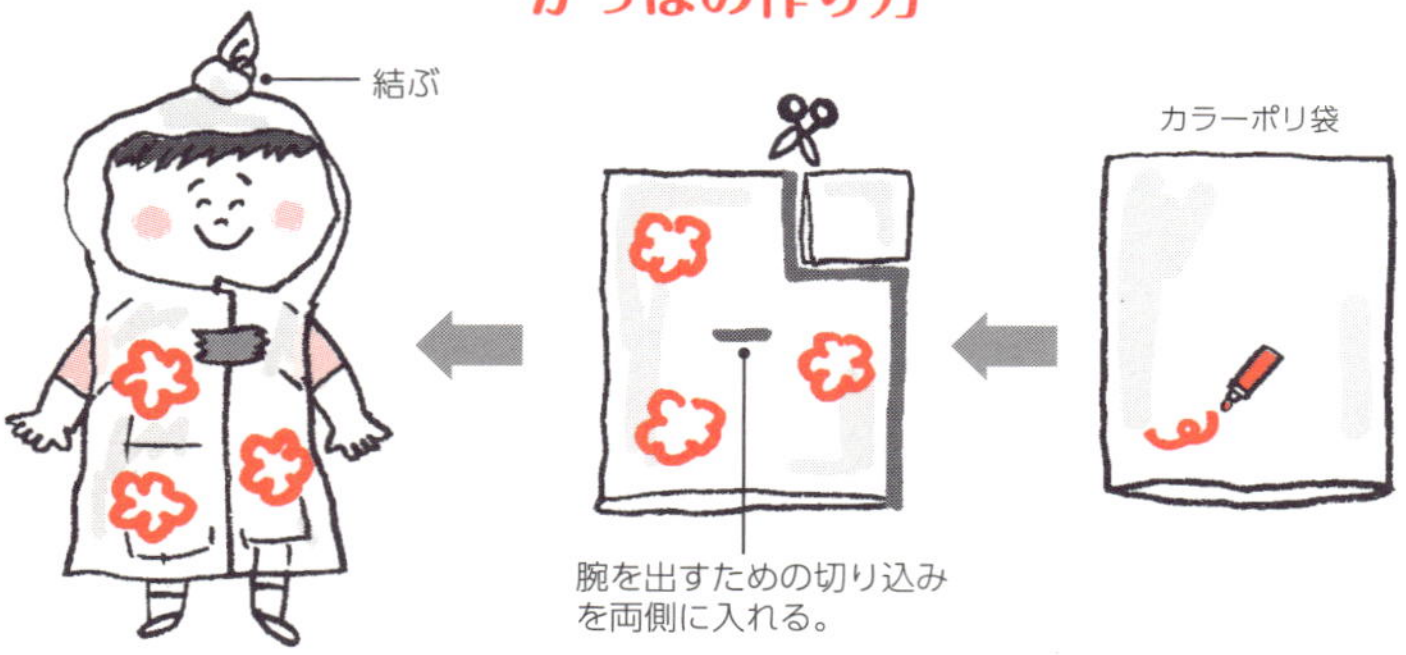

水色のカラーポリ袋に油性ペンで模様を描く。

太線の部分を切り、顔や腕を通すところを作る。

前を合わせてクラフトテープで留め、頭に合わせて袋の角を結ぶ。

ねらい

雨粒になったつもりで、全身で雨の降る様子を表現して遊ぶ。

「雨がザーザー降ってきた！」「葉っぱに当たって跳ねているよ！」などと、保育者が言葉をかけると、ますます盛り上がります。

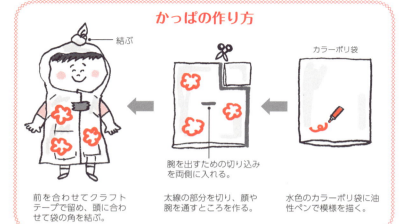

かたつむりがのーろのろ

保育者と子どもたちは、かたつむりの殻と目玉バンドを身につけ、四つんばいになって、室内を回ります。子どもたちは保育者を追い抜かないのがルールです。

ねらい

かたつむりになったつもりで、のろのろした動きを表現して楽しむ。

殻と目玉バンドの作り方

〈殻〉

紙袋にペンなどで渦巻きを描く。

〈目玉バンド〉

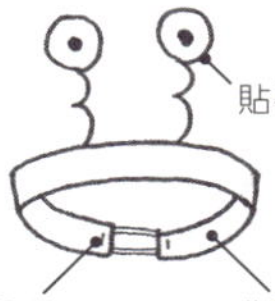
貼る
留める
工作用紙

工作用紙を折って、輪ゴムを挟み、ホッチキスで留め、針先はセロハンテープでカバーする。モールと丸シールを貼る。

先生を追い抜いては だめですよ
待て～

保育者は、速くなったり、急に止まったりしてスピードに変化をつけて遊びを広げましょう。

のり巻きゴロゴロ

ねらい

のり巻きになる見立て遊びをしながら、保育者とのやりとりを楽しむ。

1

子どもたちに「今日のごはんは、なににしようか?」と問いかけ、少し考えて「そうだ! みんなでのり巻きを作ろう!」と誘います。

あ〜あ、おなかがすいた 今日のごはんはなににしようか?
そうだ!みんなでのり巻きを作ろう!

2

子どもたちにバスタオルを配り、のり巻きに変身させます。

体を丸めるとおにぎりにも変身できます。

3

のり巻きになった子どもたちはゴロゴロと転がります。保育者は「なにののり巻きになったの?」と問いかけ、子どもたちの答えを引き出します。

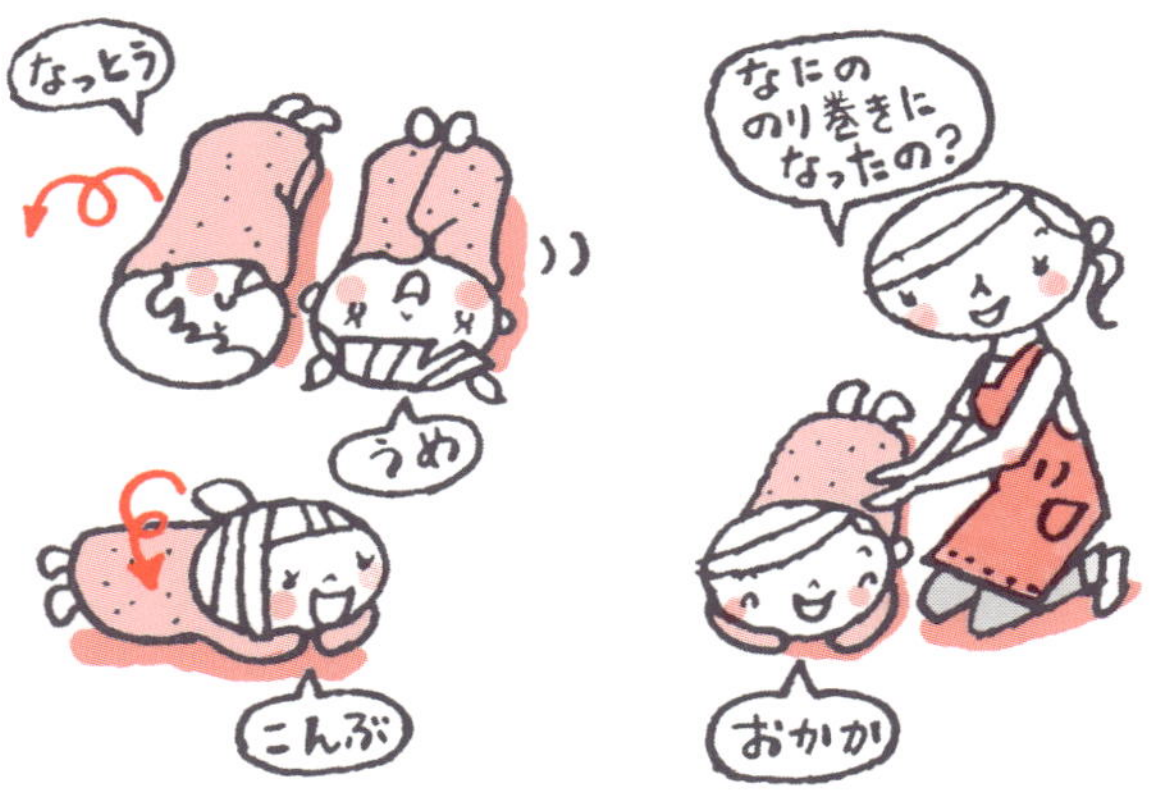
なにののり巻きになったの?
おかか
なっとう
うめ
こんぶ

4

保育者は「いただきます」と言って、食べるまねをして子どもたちの体をくすぐります。

いただきまーす
ムシャムシャ

十分に楽しんだあとは、みんなで「ごちそうさまでした」と言い、繰り返して楽しみます。

すてきなスティック

ねらい
スティックを自由に動かしたり、保育者とごっこ遊びをしたりすることを楽しむ。

1
スティックを振ったり、クルクル回したりして遊びます。

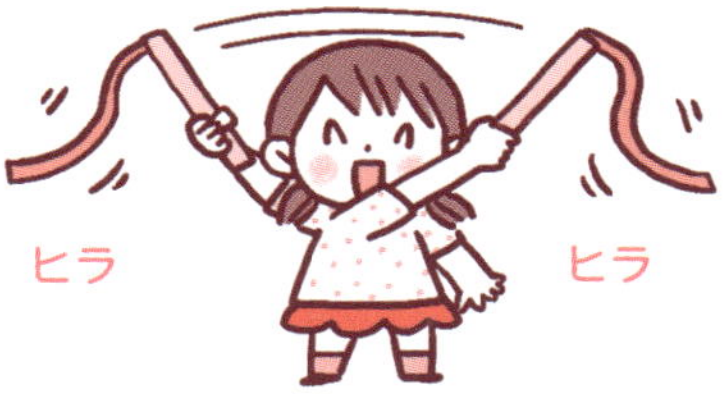
ヒラ
ヒラ

ランランラン

音楽をかけながら自由に踊ってもよいでしょう。

スティックの作り方

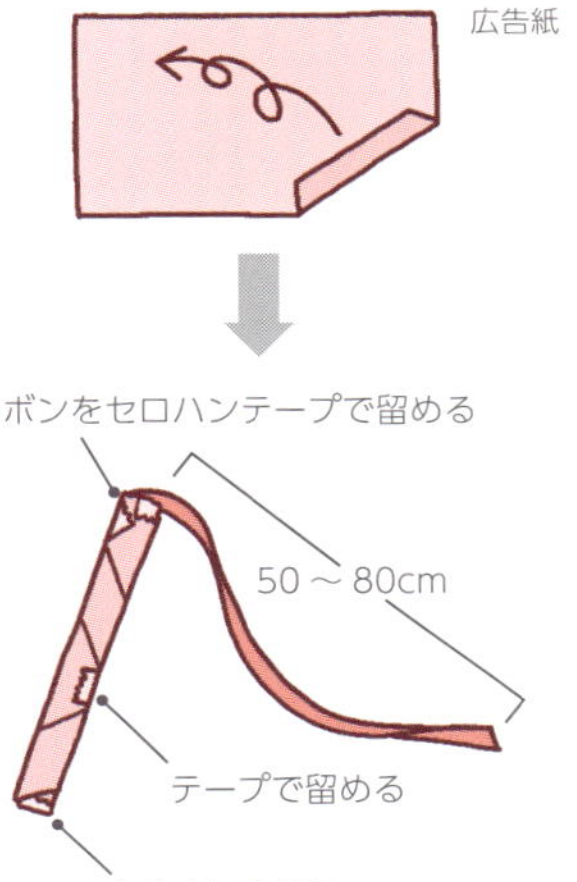
広告紙
リボンをセロハンテープで留める
50～80cm
テープで留める
先は中に入れる

広告紙を細長い棒状に丸めて留め、先端にリボンや紙テープを貼る。

2
保育者のスティックの先に星を貼り、魔法のスティックにします。「○○になあれ、チチンプイ！」と言って、いろいろな変身ごっこを楽しみましょう。

○○先生　石になあれ、チチンプイ！
あーっ、動けない石になっちゃった
みんなも石になあれ、チチンプイ！
石だー！
わー！

動物や乗り物など、いろいろな物に変身させましょう。最初はもう１人の保育者に魔法をかけて「ほら、○○先生が△△になっちゃった！」と見せるとよいでしょう。

遊園地で遊ぼう！

ねらい

遊園地の乗り物を想像しながら、実際に行った気持ちになって遊ぶ。

1

保育者を先頭にして1列に並び、バスに乗ったつもりで進みます。

遊園地に行きますよ
バスに乗って出発！
遊園地だって！
なにに乗る？

2

遊園地にある乗り物で遊ぶまねをします。

●**コーヒーカップ**
2人組で向かい合って手をつなぎ、回ります。

クルクル
クルクル

●**飛行機**
両手を広げ、体を伸ばしたり前かがみになったりしながら走ります。

ビューン
ビューン

●**ジェットコースター**
3～4人で縦に並び、肩に手をかけてつながって走ります。

初めはゆっくり
だんだん速く走るよ
ドキドキするね

逃げろゴロゴロ！

ねらい
ボールに当たらないように逃げながら、みんなでルールのある遊びを楽しむ。

1 ビニールテープでプレイエリアを作り、その中に子どもたちが入ります。

準備はいい？
はーい！
いいよ！

プレイエリアの外をアウトゾーンにします。

2 保育者が「逃げろゴロゴロ！」と言ってからボールを転がし、当たってしまった子は、アウトゾーンへ移動します。

逃げろゴロゴロー！
先生こっちだよ
うわぁ！
ゴロ
ゴロ
逃げろー！

アウトゾーンへ移動した子は、保育者が転がしたボールを受け取り、同様に転がします。

7月

せみを捕まえよう

ねらい
せみを探すことを通して、季節を感じながら遊ぶ。

1 せみの裏に、輪にしたセロハンテープを付けておき、保育者が園庭のあちこちに貼って隠します。

せみの作り方

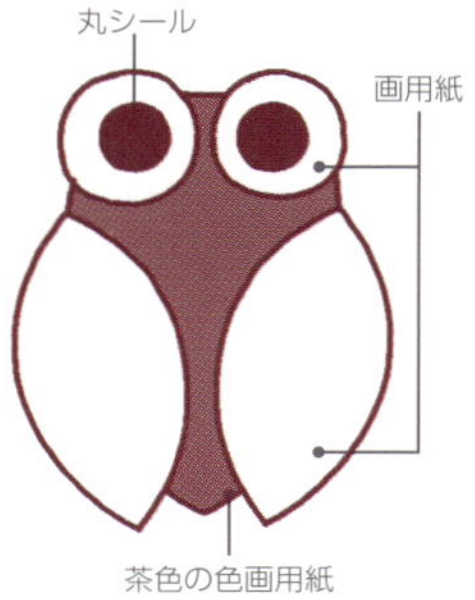

丸シール
画用紙
茶色の色画用紙

色画用紙と画用紙で体を作り、目は丸シールを貼る。

せみを隠してくるね！

2 「もういいよ」の合図で子どもたちがせみを探します。

もういいよー
あったー
どこ？
キョロキョロ
みつけたー

なかなか見つけられない子には、保育者がヒントを出して誘導してあげましょう。

海の生き物に変身！

ねらい

海の生き物になったつもりで、変身遊びや追いかけっこを楽しむ。

1 保育者は子どもたちに質問をします。

海にいる生き物、なーんだ？
たこ！
さかな！
わかめ！
さめ！

2 それぞれの生き物に変身して、海の中で泳ぐまねをします。

それじゃあ、変身！
クネクネ
ユラユラ
スイスイ
さめだぞー

3 頃合いを見計らって保育者がくじらになり、子どもたちを追いかけて遊びます。

くじらだよー捕まえるよー
先生くじらだー
わーっ
逃げろー

お散歩電車

ねらい
友達とつながることを意識しながら、障害物を乗り越える遊びを楽しむ。

1
子どもたちは前の子の肩に手をかけてつながり、電車を作ります。保育者が「出発！」の合図をしたら、みんなで「進行！」と声を合わせてスタートします。

2
途中で保育者は「トンネルに入ります」などと声をかけます。子どもたちは電車で進みながら、マットで作ったトンネルや山や橋を渡り、いくつもの障害を通って遊びます。

トンネルには１人ずつ入り、山も１人ずつ登ります。

フレフレシャワー

1人1つずつフレフレシャワーを持ち、水を振りまいたり、シャワーにしたりして遊びます。

ねらい
水に触れることの気持ちよさを感じ、夏の暑さからの解放感を味わう。

フレフレシャワーの作り方

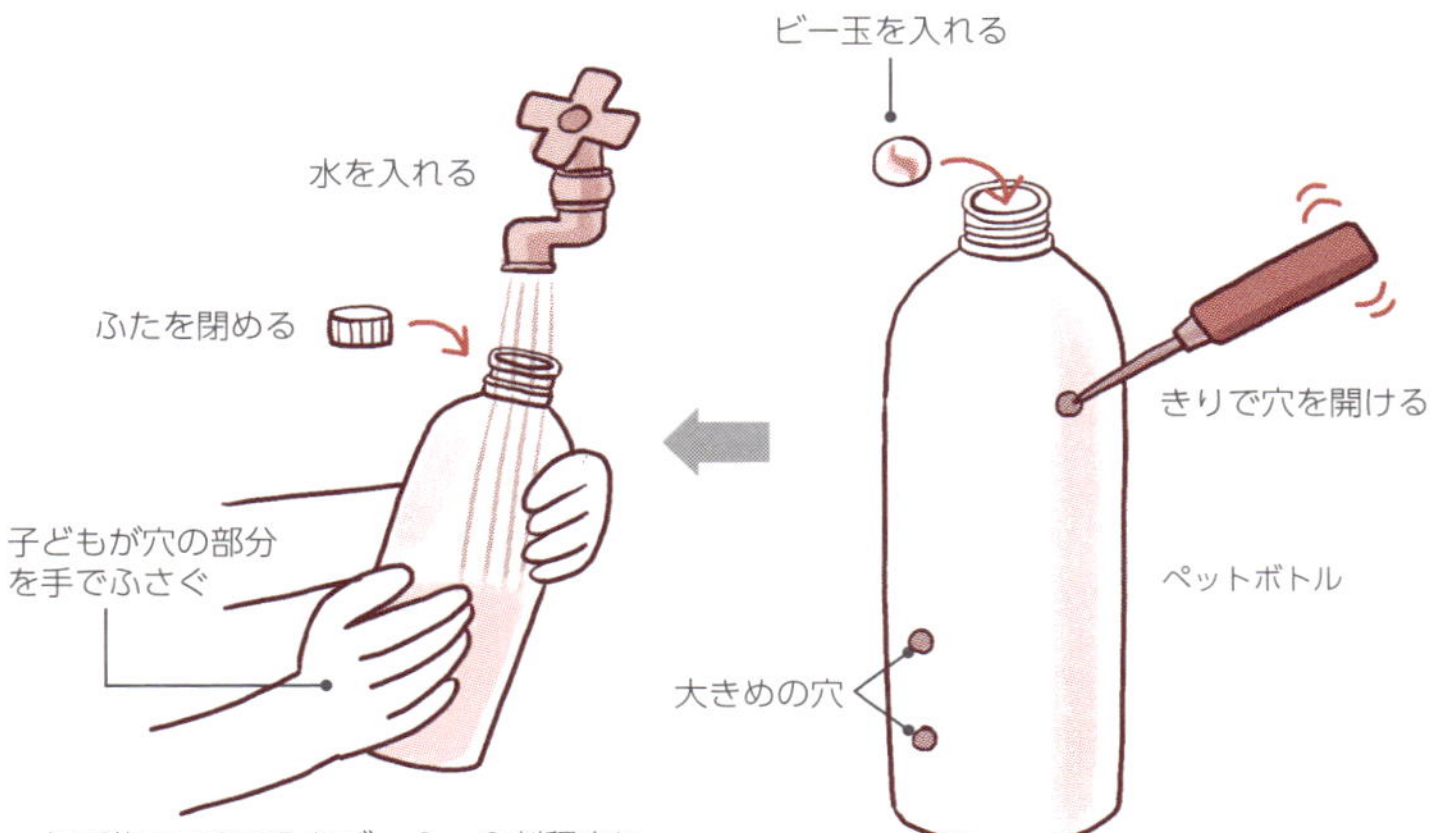
ビー玉を入れる
水を入れる
ふたを閉める
きりで穴を開ける
子どもが穴の部分を手でふさぐ
ペットボトル
大きめの穴

水は満タンまで入れず、8～9割程度にすると音が出やすくなります。

キャーかかった
お花に水をあげよう
ぼくのは、回転マシーンだよ
シャワーみたい
いい音がするね
シャカシャカ
強く押すと、水鉄砲にもなるよ
大きな砂場を作ろう！
プシュー

プルプルちゃんと遊ぼう

ねらい
水の冷たさややわらかさを感じながら、水を使った遊びに親しむ。

1
ポリ袋に水を入れた〝プルプルちゃん〟を頬や体に当てます。プルプルとしたやわらかさと、ひんやりとした冷たさが味わえます。

プルプルだ～
冷たーい
透明の小さなポリ袋に水を入れて口を縛る。

2
〝プルプルちゃん〟を積み重ねたり、並べたりして、形が変わる様子を楽しみます。

よいしょ
プル
プル

3
水を入れたバケツの中に〝プルプルちゃん〟を入れて、探して遊びます。

プルプルちゃんを探してね！
見つけたよ！
あった！

ぶにょぶにょレース

ねらい
袋を持ったときの感覚を楽しみ、水の冷たさを感じながら遊ぶ。

1
子どもたちは円形になります。保育者はポリ袋に水を入れた〝ぶにょぶにょ袋〟を持ち、遊び方を説明します。

2
子どもたちは〝ぶにょぶにょ袋〟を隣の子へと送っていきます。

グルグル金魚すくい

ねらい
金魚をすくう遊びを通し、水と遊ぶ楽しさを知る。

1
ビニールプールに水を入れ、金魚を入れます。保育者が手で水を回し、子どもたちはおたまなどで金魚をすくいます。

金魚さんを
すくってー
わーい
難しい

2
「赤い金魚さんをすくってね」または「10数える間にすくってね」などと遊びに変化をつけて楽しみます。

次は赤い金魚さんを
すくってね
赤い金魚だって！
とれたー

金魚の作り方

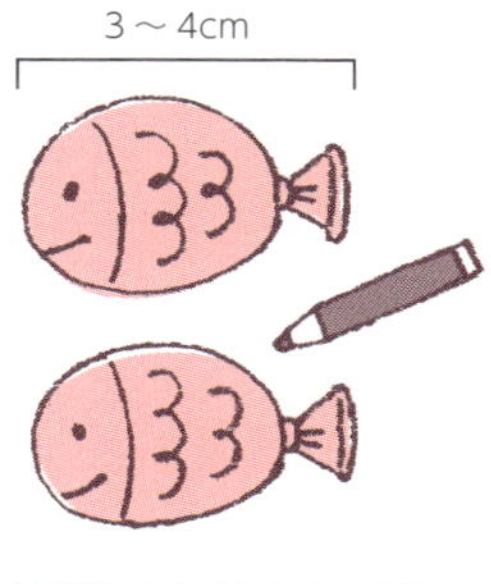
3～4cm

水風船に水を少し入れて膨らませ、口を結ぶ。目やひれなどを描く。

ぶくぶくぶく…沈んだよ！

ねらい
水を入れると容器が沈むことに気づき、水を使った遊びの楽しさを味わう。

1
ビニールプールに水を入れ、おわんや空き容器を浮かべます。ペットボトルに水を入れ、プールの周りに並べます。

2
おわんや空き容器にペットボトルの水を注ぎます。全部沈められたら終了です。

8月

どすこいファイト

プール遊びの前に歌に合わせて踊り、準備運動をします。

ねらい
歌遊びで楽しく体を動かし、プール遊びの準備をする。

❶♪どすこいファイトだ

両手を広げ、「ファイトだ」で拍手をします。

❷♪おすもうさん

片手を上げ、反対の手はおなかの前へ。

❸♪しこふんで しこふんで

中腰になって膝に手を当て、左右１回ずつしこを踏みます。

❹♪きあいをいれて

そのまま両手を広げます。

❺♪パチンッ

両手で頬を軽くたたきます。

❻♪もろてづき

両手を前に出して、押し出します。

❼♪かたすかし

両手を斜め後ろに振ります。

❽♪すくいなげ

片手は頭上に、反対の手は胸の前に出します。

❾♪はっけよいのこった

すもうをとる姿勢をし、「のこった」で保育者とすもうをとります。

どすこいファイト

（作詞・作曲／犬飼聖二）

どすこいファイトだ おすもうさん しこふんで しこふんで
きあいをいれて パチンッ もろてづき かたすかし
すくいなげ はっけよい のこった

バシャッと水しぶき

ねらい
水の重さを感じたり、大きな水しぶきを作るために、落とす高さを工夫したりする。

1 ポリ袋に水を入れて遊びます。

お、重い〜！
少ないと軽いよ！
いっぱい入れよう

2 水を入れた袋を水面に落とし、水しぶきを作ります。

キャー!!
バッシャーン
バッシャーン

水の量や落とし方を変えて、いろいろな大きさの水しぶきを作って楽しみましょう。

どんぐりの水遊び

「どんぐりころころ」の歌遊びでプールの中での動きを楽しみます。

ねらい
水の中でリズムをとりながら、歌遊びを通して水との触れ合いを楽しむ。

❶♪どんぐりころころ　どんぶりこ

プールの中に座り、両手でかいぐりをします。

❷♪おいけにはまって　さあ　たいへん

勢いよくしゃがんだり、ずっこけたりとポーズをとります。

❸♪どじょうがでてきて　こんにちは

両手を合わせて左右に動かしながら、前へ出します。

❹♪ぼっちゃん　いっしょに　あそびましょう

水面をたたきます。

●歌●
「どんぐりころころ」
（作詞／青木存義　作曲／梁田貞）

水中宝探しゲーム

ねらい

水の中で宝物を探す楽しさを感じながら、水に慣れていく。

1 ビニールプールに半分くらい水を張ります。保育者は、子どもたちに当たりの面を見せて「この当たりカードを探してね」と確認しながら、宝カードをプールの底に「?」の面を上にして置きます。

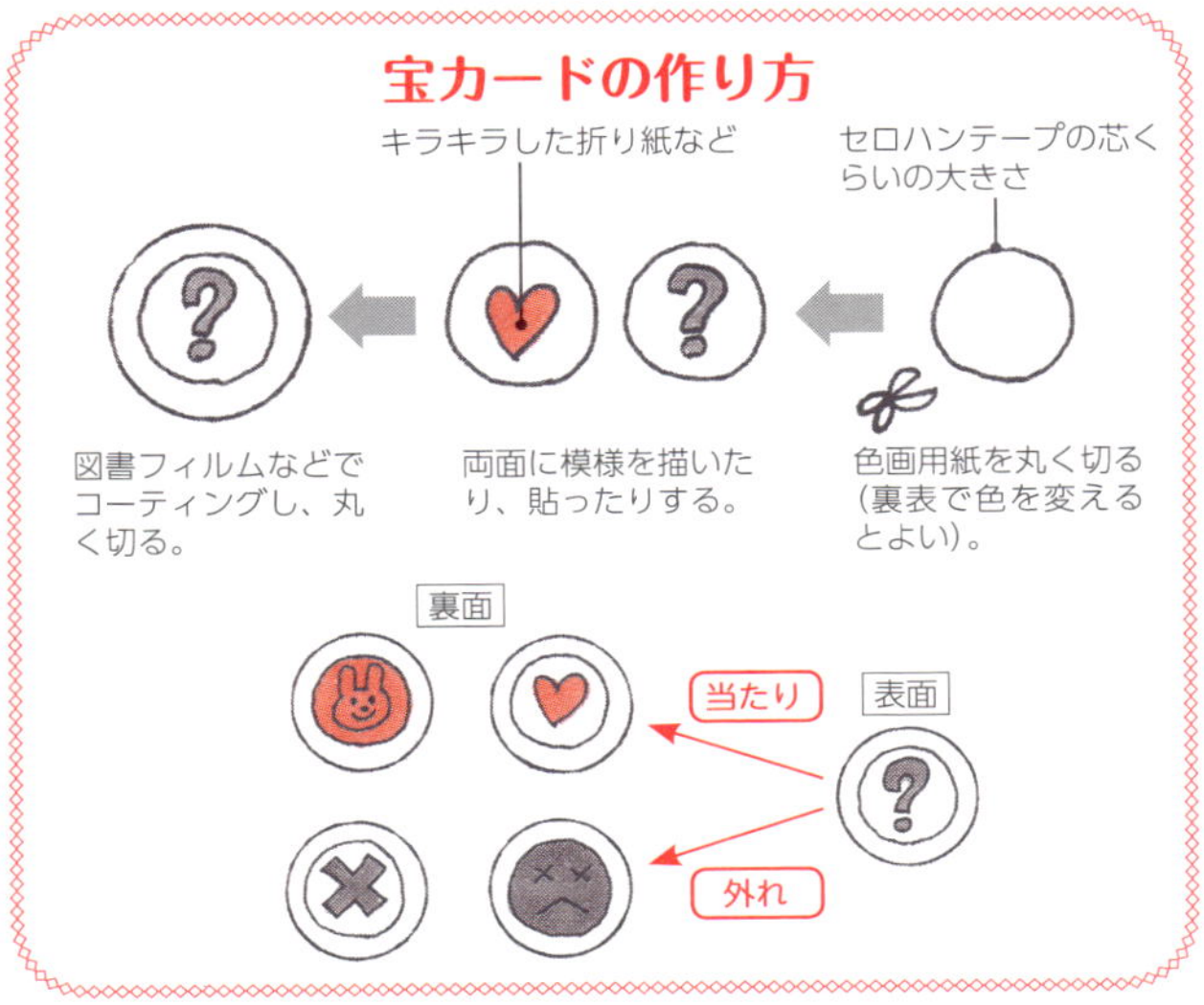
宝カードの作り方
キラキラした折り紙など
セロハンテープの芯くらいの大きさ
図書フィルムなどでコーティングし、丸く切る。
両面に模様を描いたり、貼ったりする。
色画用紙を丸く切る(裏表で色を変えるとよい)。
裏面
表面
当たり
外れ

2 プールの大きさに合わせて、1回の人数を決め、子どもたちをグループ分けします。1グループ目から「よーい、ドン!」の掛け声でプールの中に入り、当たりカードを探します。

次のグループ
よーい ドン!

3 全員が当たりカードを拾ったら終了です。次のグループをスタートさせます。

OK!
ハズレ!
とった!

グルグル、流れるプール

ねらい
プールの中で歩いたり、物を拾ったりしながら、水に慣れる。

1

プールの中でみんなで同じ方向に歩きます。水に流れができたらその場に座り、流される感じを楽しみます。

流れるプールよー
流されるー
キャー
わー

2

プールにペットボトルの蓋をたくさん入れて、それを拾って遊びます。

ペットボトルの蓋２個を合わせて、ビニールテープで巻いた物をたくさん用意しておきます。

みんな、拾ってね
待て待てー
とれたよー

ブクブク沈没たらい

プールの中で2チームに分かれ、各チームのたらいに水を入れて沈めます。

わたしは
じょうろにしよっ！
ちょっとは
沈んだかな？
重たーい！
手で入れよう
よし、
ペットボトルだ
みんなで水を入れて、
たらいを沈めてみよう
どっちが早く沈むかな？
バケツは水が
たくさん入るね
持てるかな？
ぼくはビート板
コップもあるよ

ねらい

たらいを沈めることに夢中になることで、自然に水に親しむ。

大波小波ザバーン！

保育室を海に、タオルケットを船に見立てます。保育者が先頭に乗り、「うみ」の歌を子どもたちといっしょにうたいながら、体と船を左右に揺らします。うたい終えたら、「波が来たー！」と言って、大きく左右どちらかに傾けたり、ときには「大波が来たー！」とひっくり返したりして、遊びを盛り上げます。

ねらい

友達や保育者と海のイメージを共有し、一体感を味わいながら遊ぶ。

海は広いなー♪

波が来たー!!

ザバーーン!!

ザバ〜ン!!
大波が来た〜!!

●歌●

「うみ」（作詞／林柳波　作曲／井上武士）

色水ヨーヨー

ねらい

いろいろな草花で色水を作り、色の違いを楽しみながら、ヨーヨー遊びをする。

1

ポリ袋に花びらや草の実を入れ、水を少し加えます。袋の上からもんで色を出し、水を足してヨーヨーを作ります。

色水ヨーヨーの作り方

袋に草花と少量の水を入れ、袋の上からもむ。さらに袋の半分弱の水を足す。

先に輪ゴムをかける。

輪ゴムで袋の口を結ぶ。

2

色水ヨーヨーで遊びます。

すいかレース

子どもたちを2チームに分けて、バスタオルに載せたすいかを運びます。

ねらい

友達と力を合わせて不安定な物を運ぶスリルと楽しさを味わいながら、他チームと競って遊ぶ。

早く早く！
がんばれ！
スタート＆ゴール
ゆっくりね
落ちちゃった！
あっ！
がんばって！
がんばって！

すいかを落としてしまったら、その場で載せ直して運びます。

すいかの作り方

カラーポリ袋に、丸めた新聞紙を詰めて口を輪ゴムでしばる。黒いビニールテープを貼り、すいかのしま模様を表現する。

フープでお出かけ

ねらい

フープを乗り物や島に見立てて、ごっこ遊びを楽しむ。

1 フープの中に入り、好きな乗り物をイメージして歩きます。

車、飛行機、電車、
好きな乗り物で出発！
ぼくタクシー
新幹線が
いい！
うちの車で
行くね

2 保育者が「乗り換え！」と言ったら、他のフープに持ち替えます。**1**、**2**を繰り返して遊びます。

乗り換え！
あっ！
こっちにする
今度はこれ

3 頃合いを見計らって、保育者は「うさぎ島に着きましたよ」などと言葉かけをします。

うさぎ島に着きましたよ
今度はうさぎさんになって
ジャンプしましょう
ピョン
ピョン
ピョン

9月 ペッタン魚つり

魚をたくさん作り、床に置きます。子どもたちはつり竿を持ち、セロハンテープにくっつけてつり上げます。

魚とつり竿の作り方

〈魚〉

〈つり竿〉

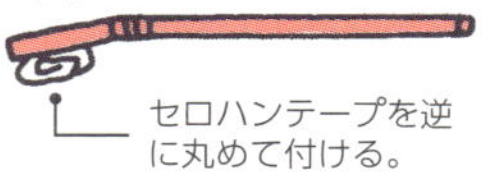

魚は、ポリ袋を膨らませて口を結び、絵を描く。つり竿は、曲がるストローの先にセロハンテープを丸めて付ける。

ねらい

みんなで魚つり遊びを楽しみ、ねらった魚をつり上げた満足感を味わう。

宝島へ行こう

ねらい

新聞紙を破らないように目的地まで移動しながら、宝物を獲得する達成感を味わう。

1

保育室の一角を宝島にしておもちゃ（宝）を人数分置きます。子どもたちは新聞紙（船）を2枚ずつ持ちます。

2

子どもたちは新聞紙の船で宝島まで行き、おもちゃを1つ持って戻ってきます。

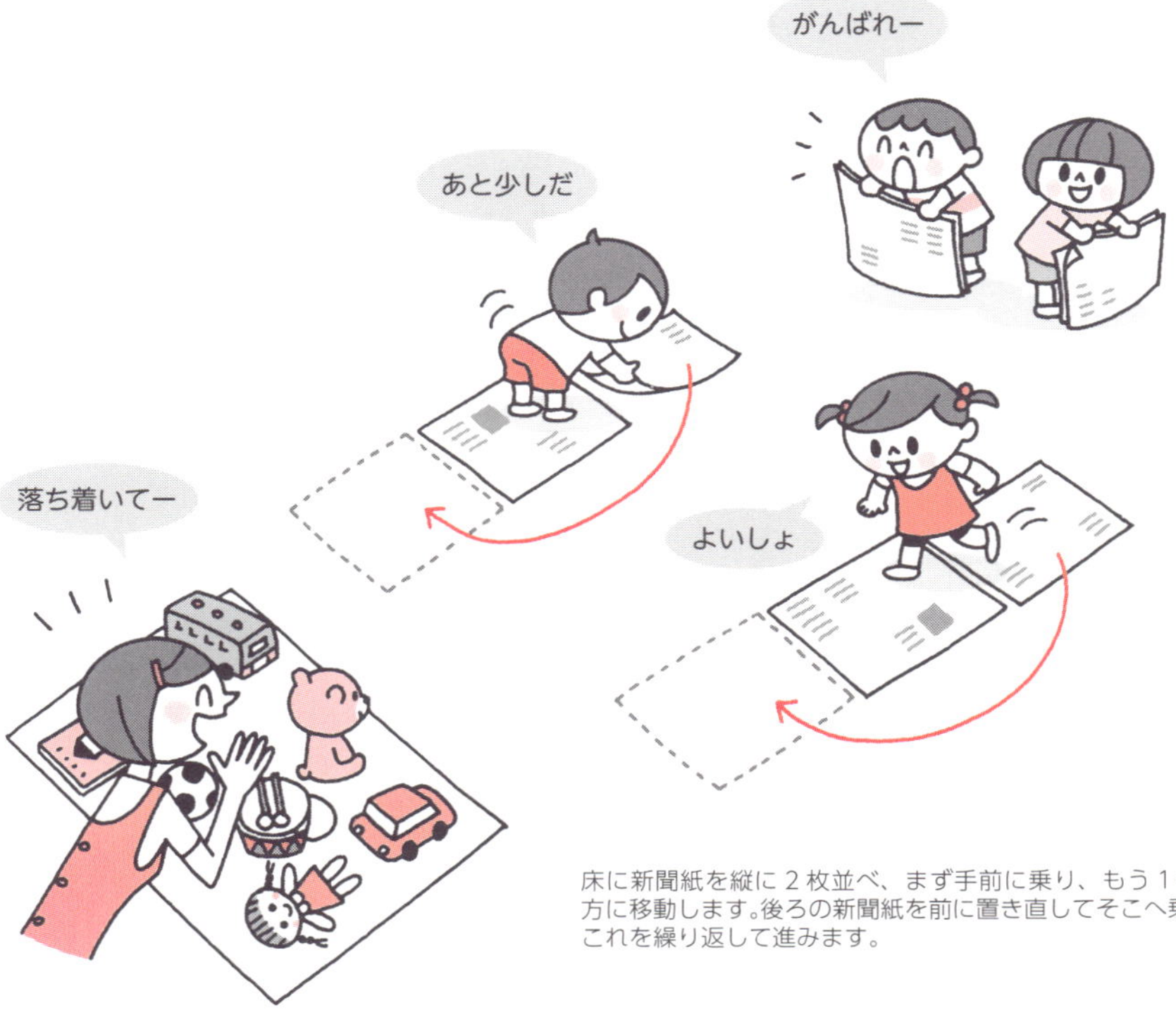

床に新聞紙を縦に 2 枚並べ、まず手前に乗り、もう 1 枚の方に移動します。後ろの新聞紙を前に置き直してそこへ乗り、これを繰り返して進みます。

とんぼのめがね

ねらい

おにが指示した色の物を探して逃げるという、ルールのあるおにごっこを楽しむ。

1

「♪とんぼのめがねは　なにいろめがね」とうたいながら、とんぼになっておにの周りを回ります。

♪とんぼのめがねは　なにいろめがね
みんなで歌を
うたいながら、回ってね。
せーの！
おに

おに（最初は保育者）を１人選び、おに以外の子どもたちは「とんぼのめがね」のメロディーでうたいながら、とんぼの動きで、おにを中心に時計回りに動きます。

2

うたい終わったら、おには好きな色を言い、「とんぼ」と5回唱えます。その間にとんぼたちは、その色の物を探します。

赤！
とんぼとんぼとんぼ
とんぼとんぼ
セーフ
タッチ！
赤いのはどこー？

おには「とんぼ」と５回言い終えたあとに、おにの言った色に触れていないとんぼを見つけてタッチ。タッチされたとんぼは次のおにになります。

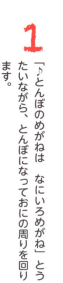

コロコロリング

ねらい

よく回ったり転がったりするように工夫して、リングを使った遊びを楽しむ。

1 リングを立てて、回します。

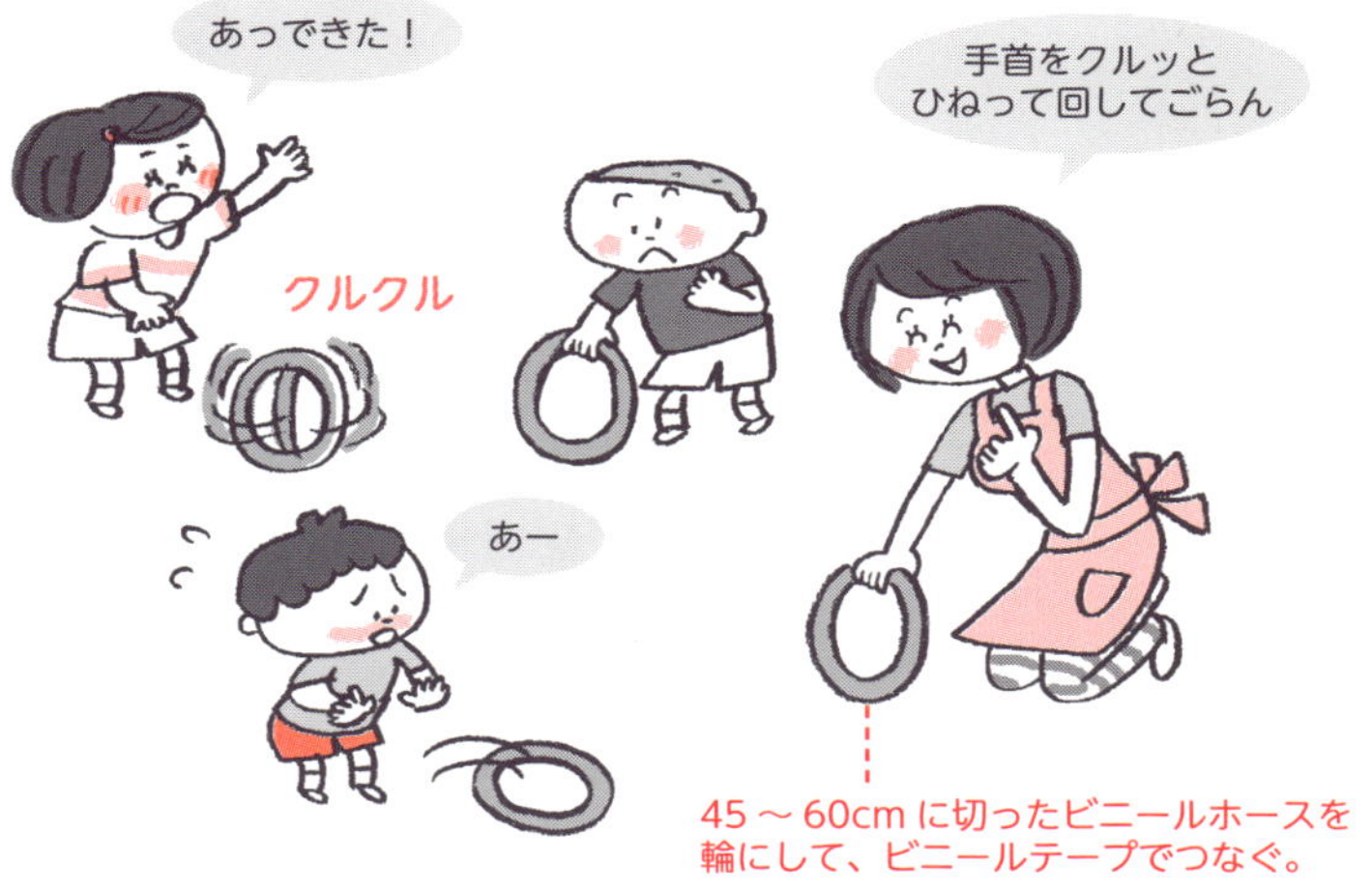
あっできた！
手首をクルッと
ひねって回してごらん
クルクル
あー
45～60cmに切ったビニールホースを
輪にして、ビニールテープでつなぐ。

2 前に転がします。どこまで進むかな？

えいっ
先生の方に
転がしてー

3 リングを並べて、歩いたり跳んだりして渡ります。

リングの
道ですよー

こんなこともできるよ！

ルール

保育者の合図で2人ずつスタートします。
跳び箱を上り、ジャンプしながら保育者の持っているタンバリンにタッチします。
平均台の上を歩き、フープをくぐってゴールします。

平均台の横にも保育者が立ち、危険がないようサポートしましょう。

泳ぎの名人

ルール

1 子どもたちは浮き輪をしてスタートします。ブルーシートの前で浮き輪を外し、ブルーシートの上を好きな泳ぎのまねで進みます。

2 テーブルの所で好きなお面をかぶります。かぶったお面の生き物の動きをまねしながら走り、スタート位置に戻ってゴールします。

準備

色画用紙と輪ゴムなどで魚、かに、たこなどのお面を作る。

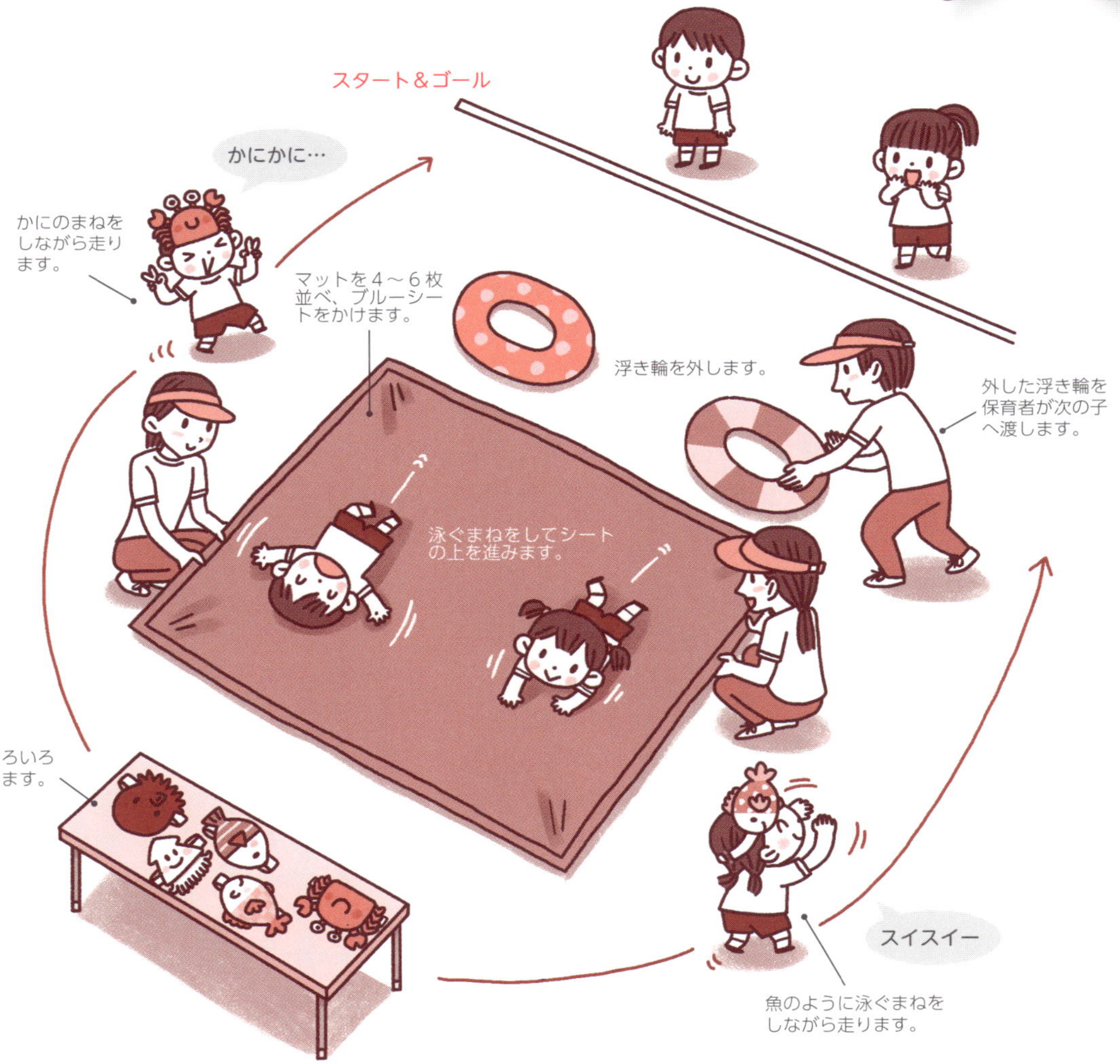

スタート＆ゴール
かにかに…
かにのまねをしながら走ります。
マットを4～6枚並べ、ブルーシートをかけます。
浮き輪を外します。
外した浮き輪を保育者が次の子へ渡します。
泳ぐまねをしてシートの上を進みます。
テーブルにいろいろなお面を置きます。
スイスイー
魚のように泳ぐまねをしながら走ります。

お花を咲かせましょう

ルール

お花が入ったかごを持ってスタートし、カラーコーンに1輪ずつさし込んでゴールを目ざします。

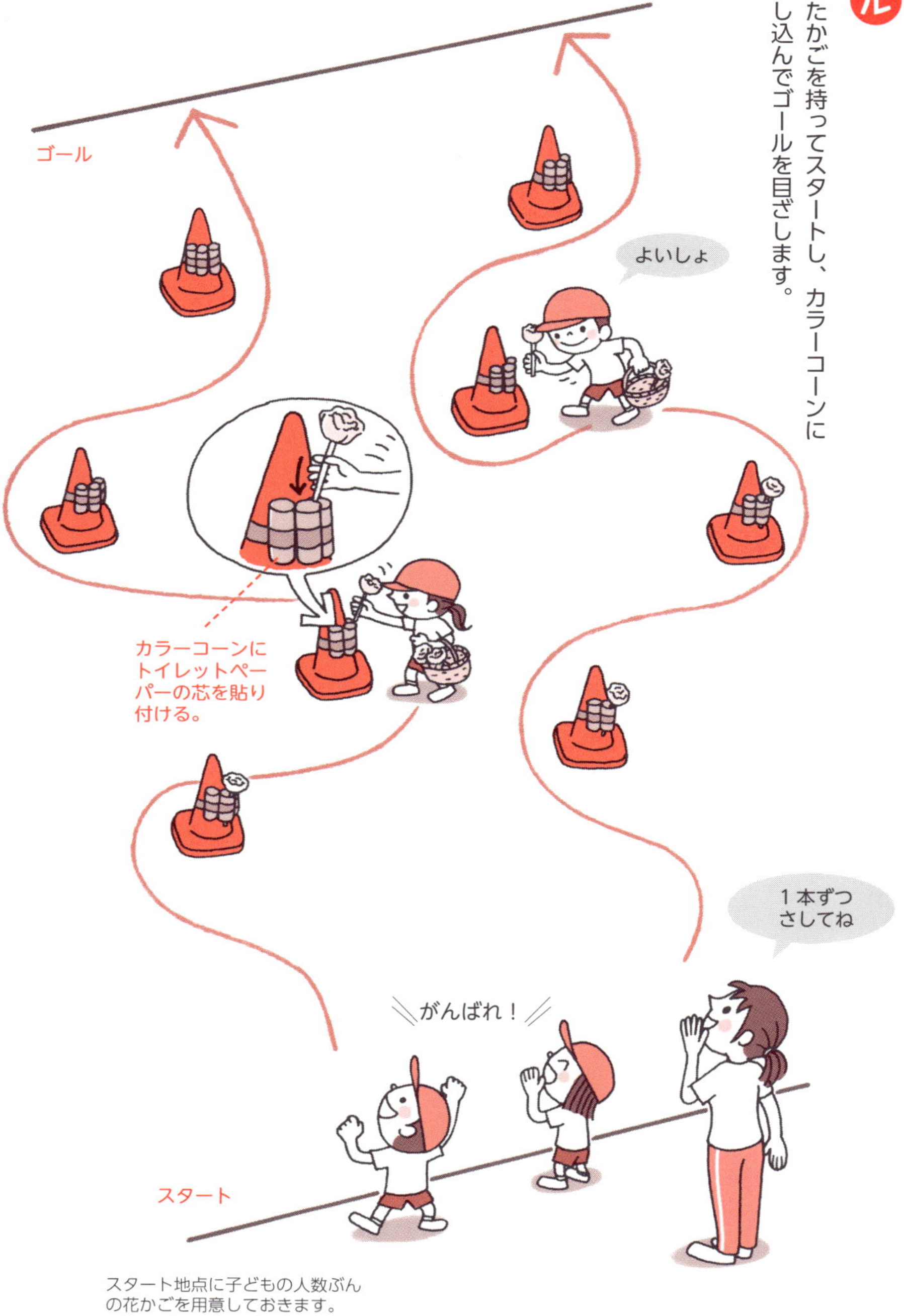
ゴール
よいしょ
カラーコーンにトイレットペーパーの芯を貼り付ける。
1本ずつさしてね
がんばれ！
スタート

スタート地点に子どもの人数ぶんの花かごを用意しておきます。

準備

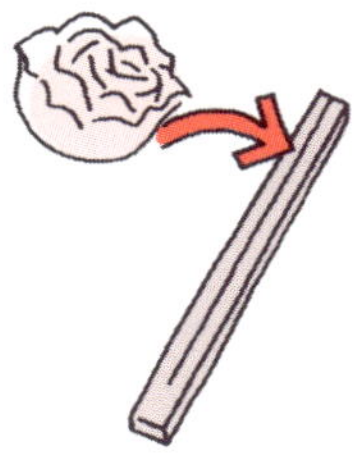

お花紙で作ったお花を、セロハンテープで割り箸に貼り付ける。

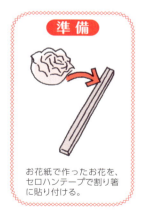

トロルをやっつけろ!

ルール

1 子どもたちは好きな大きさのやぎのお面をかぶり、3人1組でスタートします。

2 1人ずつ橋を渡り、全員渡り終えたらみんなで積まれたトロルを倒し、ゴールします。

準備

色画用紙と輪ゴムなどで大、中、小のやぎのお面を作る。

段ボール箱9個に紙を貼り、トロルの絵を描いて切り離しておく。

段ボール板で橋の手すりを作り、平均台の両脇に設置する。

スタート
平均台の横に保育者が立って、危険がないようサポートしましょう。
平均台
えいっ
えいっ
トロルをやっつけて!
よいしょ
ゴール

3人そろったらトロルを倒して、バラバラにします。倒されたトロルを保育者が積み直してから、次の子どもたちがスタートします。

こおろぎ ちろちろりん

代表者4人が前に出て、「こおろぎ」の歌をうたいながら、一斉に紙コップのこおろぎを振ります。他の子どもたちは、誰のこおろぎに鈴が入っているのか耳を澄まして聴き、曲が終わったところで答えます。正解が出たら、こおろぎを振る人と答える人を交代して続けます。

ねらい

集中して音を聴きながら、鈴が入っている紙コップを見つけ出す遊びを楽しむ。

こおろぎの作り方

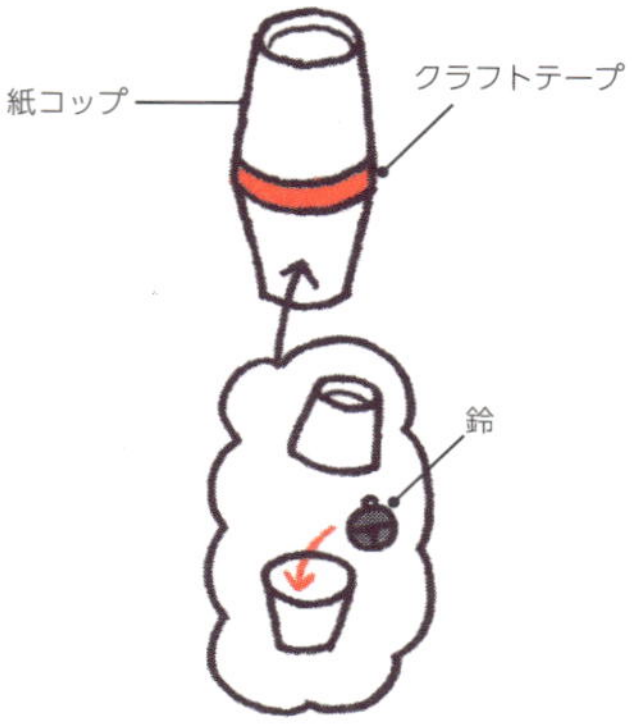

紙コップ2個の口を合わせた物を4つ作り、1つに鈴を入れる。

すぐに当てられる場合は、鈴入りの「こおろぎ」を2個にするなどして難易度を上げていきましょう。

●歌●

「こおろぎ」（作詞／関根栄一　作曲／芥川也寸志）

どんぐりころころ

5~8人くらいのグループになり、どんぐり役を1人決めます。どんぐり役はどんぐり帽子をかぶって真ん中に座ります。

ねらい
季節の歌をうたいながらリズミカルに、のびのびと遊ぶ。

どんぐり帽子の作り方

クラフトテープで芯を作る。
カップめん容器
両面テープ
麻ひもを巻く。
平ゴム

❶♪どんぐりころころ…さあたいへん

周りの子どもたちは、うたいながらどんぐり役の周りを回ります。どんぐり役は座って体を揺らします。

❷♪どじょうがでてきてこんにちは

周りの子どもたちは手拍子をします。どんぐり役は立ち上がります。

「♪こんにちは」で、正面にいる子と向かい合っておじぎをします。

❸♪ぼっちゃんいっしょにあそびましょう

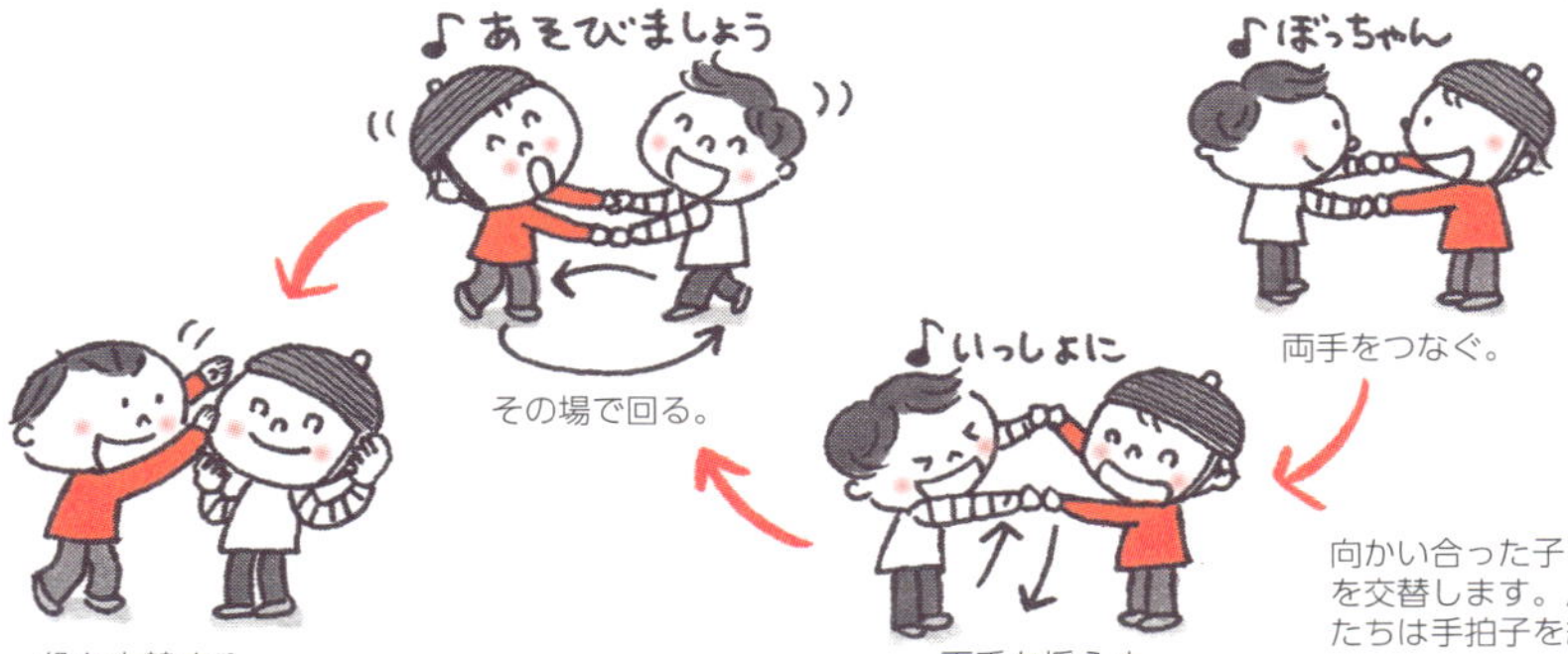
♪ぼっちゃん
♪いっしょに
♪あそびましょう

両手をつなぐ。

両手を揺らす。

その場で回る。

役を交替する。

向かい合った子とどんぐり役を交替します。周りの子どもたちは手拍子を続けます。

●歌●
「どんぐりころころ」(作詞/青木存義　作曲/梁田貞)

2人で手拍子

ねらい
友達と体のいろいろなところを触れ合わせながら、楽しくうたって遊ぶ。

1
子どもたちは2人組になり、肩を組みます。「幸せなら手をたたこう」の歌をうたい、「♪手をたたこう」のあと、2人で協力して手をたたきます。

♪幸せなら
手をたたこう
パンパン
パンパン

向かい合って立ち、2人で両手を合わせてもよいでしょう。

2
歌詞を「♪肩たたこう」「♪肘たたこう」「♪お尻たたこう」などに替えて、いろいろな所をたたいたりくっつけたりして遊びましょう。

♪幸せなら　肩たたこう

お互いの肩をたたきます。

♪幸せなら　お尻たたこう

2人でお尻をくっつけます。

●歌●
「幸せなら手をたたこう」（作詞／木村利人　スペイン民謡）

とかげのしっぽ

腰に挟んだしっぽ（スズランテープ）を保育者に踏まれないように、ゴールを目指します。

ねらい

大人のとかげになってゴールするという目標のもと、全力で遊びに参加する。

初めはしっぽを空中に浮かせて走れるように短いしっぽにします。しっぽを踏まれずにゴールできたら、しっぽの長い大人とかげになります。

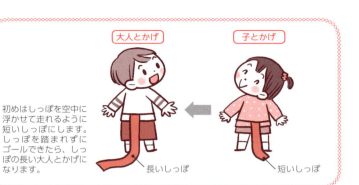

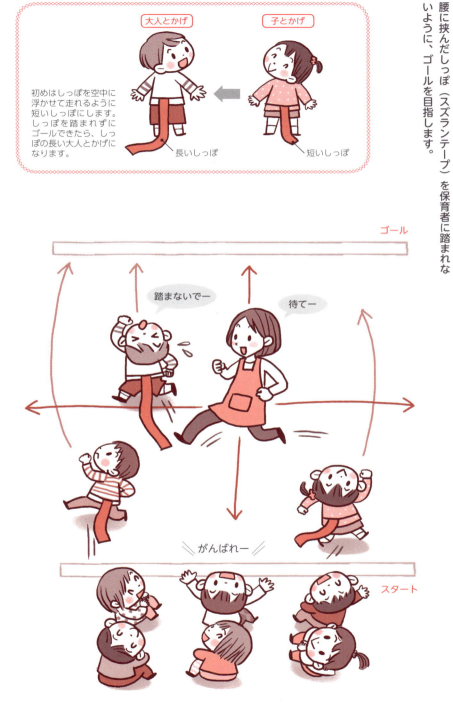

やきいもグーチーパー

みんなで手をつないで輪になり、「やきいもグーチーパー」の歌をうたいながら遊びます。

ねらい

やきいもを食べるつもりで、友達といっしょにうたい、動き、楽しく遊ぶ。

❶ ♪やきいも　やきいも
おなかが

つないだ手を前後に振ります。

❷ ♪グー

中央に集まり、輪を小さくします。

❸ ♪ほかほか　ほかほか
あちちの

体を左右に揺らします。

❹ ♪チー

両手で耳たぶを
つまみます。

❺ ♪たべたら　なくなる
なんにも

手を口元に当て、食べる
まねをします。

❻ ♪パー

手をつないで大きく広がります。

❼ ♪それ　やきいも　まとめて

❶と同様にします。

❽ ♪グーチーパー

❷❹❻の動作を連続して行います。

●歌●
「やきいもグーチーパー」（作詞／阪田寛夫　作曲／山本直純）

建てて壊して…

ねらい
建てたり壊したりを繰り返し、建てる楽しさと壊すおもしろさを味わう。

1
保育者の言葉かけで、子どもたちは好きな場所に1個ずつ箱を持って行き、積み上げてビルを建てます。

1つずつどうぞ!
1か所にたくさんの空き箱を集めて置きます。

2
それぞれのビルがどれくらい高くなったのか、また、おもしろい形に積めたのか、みんなでビル見学をして回ります。

わー!
高く積んだね!
かっこいいビルだね!
かっこいい!
すごーい!
見て見て

3
自分のビルに戻って、保育者のかけ声で一斉に壊します。揺らしたり、キックしたりして楽しみながら自由に壊しましょう。

よーし、ビル壊すぞー!!
ゆっくりユサユサ
パンチ!
キック!
ヘディング!

勝つまでじゃんけん

子どもたちを赤、白の2チームに分けて、リーダー役を決めます。相手チームのリーダーとじゃんけんをして遊びます。早く全員がリーダーの後ろに並べたチームの勝ちです。

ねらい

勝ったり負けたりを繰り返しながら、チームのためにがんばるという意識を育てる。

勝ったら、後ろに並びます。

負けたら、後ろを１周してもう一度リーダーとじゃんけん。勝つまで続けます。

ハロウィーンおにごっこ

子どもたちのなかからおにを決めます。おには、おばけのお面を着けて友達を追いかけてタッチします。

セーフ！
トリック　オア
トリート！
逃げられた！
おばけのお面は、色画用紙と輪ゴムで作ります。
キャーッ
待てー！
ビニールテープで円を作り、安全地帯にします。

捕まった子はおばけの面をもらって、おにになります。また、捕まりそうになったとき、保育者のところへ行って、「トリック オア トリート」と言えたら、安全地帯に入れます。安全地帯に入っていられる時間や回数を決めておきましょう。

ねらい

ハロウィーンにちなんだ、「トリック オア トリート」の言葉を利用したおにごっこを楽しむ。

11月

クルクルまつぼっくり

みんなで「まつぼっくり」の歌をうたい、「♪……あったとさ」「♪……たべたとさ」の「さ」の所で、隣の友達へまつぼっくりを渡します。2回続けてうたい、最後の「さ」で、まつぼっくりを受け取った子どもが負けとなります。

「さ」のところで
まつぼっくりを
渡してね
まつぼっくりが　あったとさ
たかいおやまに　あったとさ
ころころころころ　あったとさ
おさるがひろって　たべたとさ

ねらい

季節感を感じられる歌と自然物を使って、ルールのある遊びをみんなで楽しむ。

●歌●

「まつぼっくり」（作詞／広田孝夫　作曲／小林つや江）

まつぼっくりけん玉

紙コップを振って、けん玉のように中にまつぼっくりを入れて遊びます。入れられたら紙コップに赤い丸シールを貼ってあげましょう。

ねらい
うまく入れられるように紙コップの振り方を工夫して遊ぶ。

けん玉の作り方

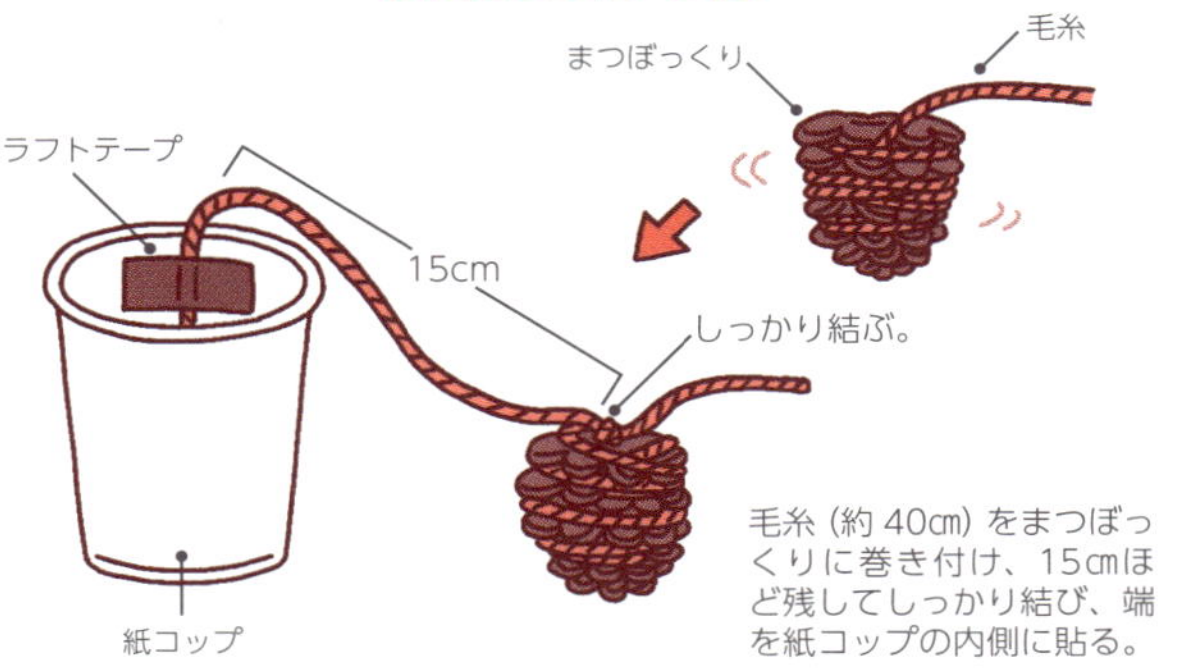
毛糸
まつぼっくり
クラフトテープ
15cm
しっかり結ぶ。
紙コップ

毛糸（約40㎝）をまつぼっくりに巻き付け、15㎝ほど残してしっかり結び、端を紙コップの内側に貼る。

よっ
よーし
がんばるぞー
わー、入ったね！
はい、赤丸シール
入ったー！
ぼく、
入ったー！

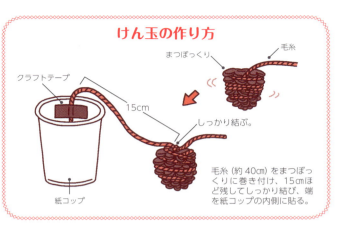

りんごコロコロ

子どもたちを2チームに分けて、りんごをうちわであおぎ、目的地の円まで運びます。円に入れられたらスタート地点に戻り、次の子にうちわを渡してバトンタッチ。先に全てのりんごを円に入れられたチームの勝ちです。

ねらい

りんごを目的地まで運ぶ難しさと楽しさを味わいながら、チームのためにがんばる。

行け行けー！
がんばって！
スタート
折り紙や色画用紙で紙風船を作り、りんごにします。

あっちに行っちゃった！
りんごを円の中に入れてね！

落ち葉ボール

ねらい
秋の自然に触れ、戸外でみんなと協力しながら遊ぶ楽しさを味わう。

1 みんなで落ち葉を集めます。

たくさん拾ってね！
よいしょ
もう１回！

2 ポリ袋に落ち葉を詰めて、ひもで口を縛ります。

ひもで縛って
ボールにしましょう！

3 落ち葉ボールを落とさないようにして遊びます。

風船ちゃんの橋渡り

ねらい
風船を落とさないように渡すドキドキ感を楽しみながら遊ぶ。

1
台を円形に並べて「橋」を作ります。円の大きさは、子どもたちが座って腕を伸ばして手をつなげるくらいにします。

2
保育者は「下は海です。風船ちゃんを海に落とさないように、隣の友達に渡してね」と言って風船を渡します。

座っている場所を動いてはだめですよ
はい どうぞ！
はい
風船を膨らませて、画用紙で目や口、鼻を作って貼る。

みみ みみ みみリレー

子どもたちはうさぎとくまのチームに分かれ、先頭の子が耳を着けます。「みみ」「みみ」「みみ」と3回言って、その動物のポーズをしてから耳を次の子に渡します。

「みみ」「みみ」「みみ」と３回言ってから、うさぎチームはその場で１回ジャンプをし、くまチームは両手を上げて「ガオー」とくまのポーズをしてから次の子に耳を渡します。最後の子まで早く到達できたチームの勝ちです。

ねらい

言葉と動作を楽しみながらチーム対抗の遊びに参加する。

ころころボウリング

いろいろな物をピンにして、ボウリング遊びを楽しみます。

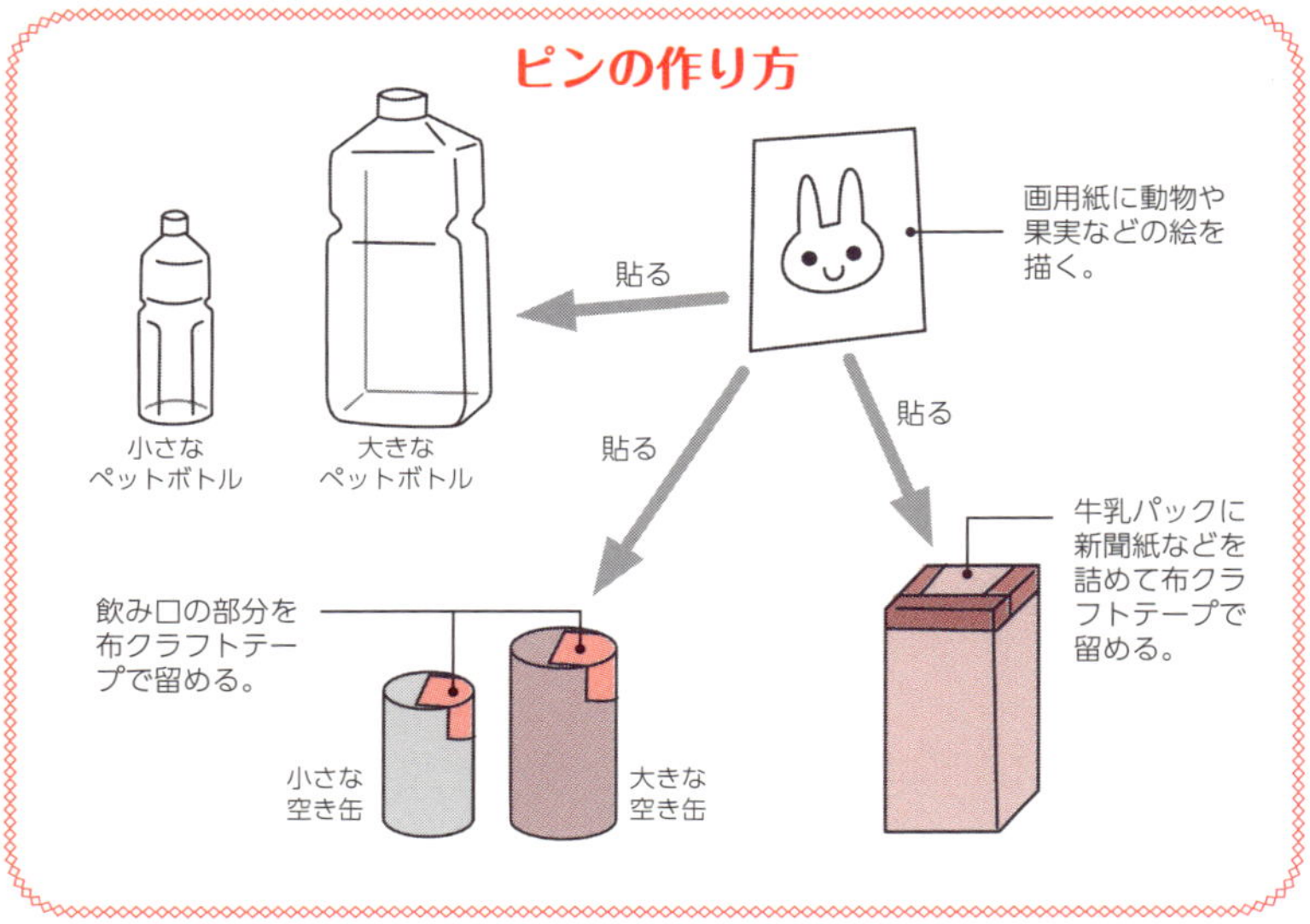

ピンの作り方
画用紙に動物や果実などの絵を描く。
貼る
貼る
貼る
小さなペットボトル
大きなペットボトル
飲み口の部分を布クラフトテープで留める。
小さな空き缶
大きな空き缶
牛乳パックに新聞紙などを詰めて布クラフトテープで留める。

ねらい

自分の投げたボールによってピンが倒れる快感を味わう。

カラカラ…
先生、見てみてー
やったー
わー
えーい
好きなピンで遊びましょう
ぼく次はここにするー
どれにしようか？

パンダのパン屋さん

保育者のまねをしながら、うたって踊ります。

ねらい

保育者を見ながらまねをしてうたったり、踊ったりして、歌遊びを楽しむ。

❶♪パンパン

2回手をたたきます。

❷♪パンダの

双眼鏡のように手を丸めて、パンダの目を表現します。

❸♪パンやさん

♩ パンや
♫ さん

❶❷を繰り返します。

❹♪あんパン

頭の上で、両手で大きな丸を作ります。

❺♪かにパン

両手でかにのはさみを作ります。

❻♪ねじりパン

手や足を体に巻きつけてひねります。

❼♪ペンギンパンに

お尻を後ろに突き出して、手を体に沿わせます。

❽♪ウルトラパン

力こぶを作るまねをします。

❾♪やきたてパンダの

♩ やきたて
♫ パンダの

❶❷を繰り返します。

❿♪パーン

2回拍手をしたあと、両手を上げます。

パンダのパン屋さん　（作詞・作曲／犬飼聖二）

ゆったり 軽いマーチで
C Dm G C
パンパン パンダの パンやさん あんパン かにパン ねじりパン
Am G F G7 C
ペンギンパンに ウルトラパン やきたてパンダの パーン

ダンス＆ストップ

ねらい
音楽に合わせて踊ったり、保育者の指示で動いたり止まったりすることを楽しむ。

1
最初にルールを説明します。子どもたちの好きな曲を流し、自由に踊ります。

〝氷〟って言ったら
そのまま止まってね
さぁ
踊りますよ
わーい！

2
途中で「氷」と言って曲を止め、子どもたちはその場で止まります。5秒くらいたったら再び曲をかけます。

氷！
ピタって
止まれたかな
ピタ！

3
合図を「お尻」「頭」「手」「膝」などに変え、言われたところを床につけるルールで続けましょう。

お尻！
お尻！

3匹のこぶたごっこ

ねらい
絵本の主人公のこぶたになったつもりで、保育者や友達とごっこ遊びを楽しむ。

1

地面に円、三角、四角を描きます（こぶたの家）。子どもたちはこぶたになって、好きな形の家に入ります。

なったブー
みんなこぶたに なったブー！
はい、ブー

語尾に「ブー」をつけて話し、こぶたになったつもりで遊びましょう。

2

保育者がおおかみになって、1つの家を「フーッ」と吹き飛ばします。吹き飛ばされた子どもたちは、別の家へ逃げます。これを繰り返します。

こっち こっちー
こんな家 吹き飛ばしちゃうぞ フーッ
おいでー

3

逃げ遅れた子を1人捕まえて、いっしょにおおかみになって遊んでも楽しいでしょう。

ホッ
捕まえた！ いっしょにおおかみに なろう
いいよ

お料理大好き

包丁で切る、泡だて器でかき回すなど、お料理のしぐさで遊びます。

ねらい
包丁で切る、かき回すなどのしぐさをしながら、お料理へのイメージを広げ、リズミカルな動きを楽しむ。

❶ ♪おりょうりだいすき　さあ

足踏みをしながら４回拍手をします。

❷ ♪つくりましょ

両手をグーにして肘を曲げ、脇を締めるように動かします。

❸ ♪トントントントントン　トントントントントン

右手を包丁に左手をまな板に見立て、包丁を上下にリズミカルに動かします。

❹ ♪グツグツにたら

両腕で体の前に輪を作ります。

❺ ♪カレーライス

３回拍手します。

❻（休符）

両手を広げ、お皿を手に載せているしぐさをします。

（２番）♪クルクルクルクルクル　クルクルクルクルクル

♪クルクル
クル クル

１番に準じます。「♪クルクル…」の部分は、泡だて器でかき回すしぐさをします。この部分を「ジュージュー…」に替えてホットケーキやハンバーグを焼くなど、いろいろな料理を作って楽しみましょう。

おりょうり　だいすき

（作詞・作曲／浅野ななみ）

1.2.おりょーりだいすきさあつくりましょ
トン トン トン トン トン トン トン トン トン トン
クル クル クル クル クル クル クル クル クル クル
グツグツにたら カレー ライス
クリームのせたら クリスマス ケーキ

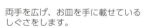

せっくんぼ

ねらい

わらべうたをうたいながら、みんなでおしくらまんじゅう遊びを楽しむ。

1

みんなで輪になって座ります。

2

「♪せっくんぼ」をうたいながら、座ったままの状態で中心へ集まります。

3

集まったら、体を軽く押し合い、丸くなってもう一度うたいます。さらにうたいながら戻り、繰り返します。

せっくんぼ

（わらべうた）

ツリーを立てろ！

保育者がツリーを組み立てて見本を見せます。「先生と同じ形のツリーを作ってね」と言い、子どもたちは見本を見ながら組み立てて遊びます。

ツリーパーツの作り方

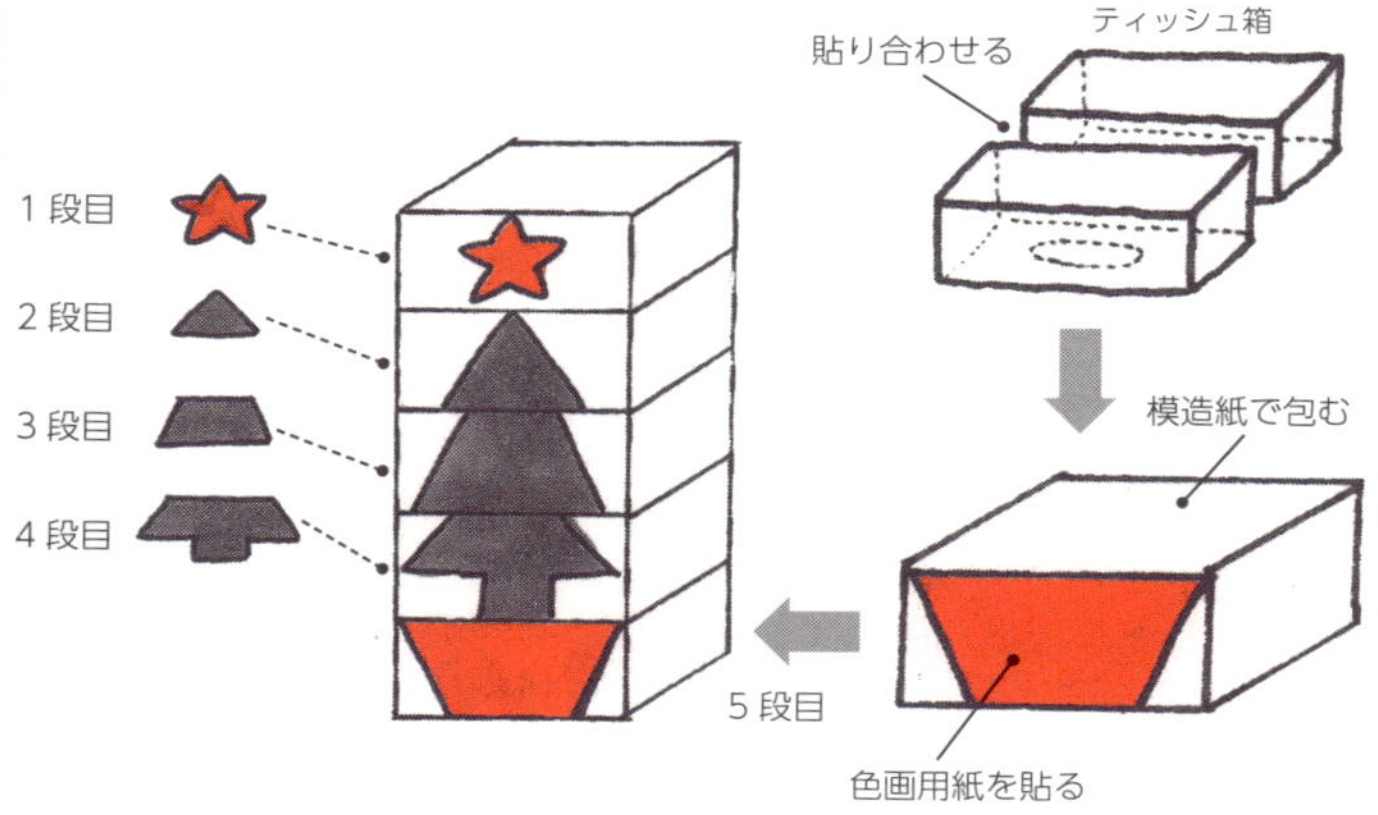

ねらい

ツリーを作る遊びを通して、クリスマスへの期待感を高める。

きょうはうれしいクリスマス

体をたたいたり、音を出したりして、クリスマスの日のウキウキした気分を、体で表現します。

ねらい
リズム遊びを楽しみながら、クリスマスを迎えた喜びを表現する。

❶♪もみのきかざって
おいわいしましょう

子どもといっしょに歌の前半をうたいます。(2～4番同様に)

❷♪クリスマス　クリスマス
きょうはうれしい
クリスマス

〈1番〉

リズムに合わせて手をたたきます。

〈2番〉

腕を交差して、リズムに合わせて胸をたたきます。

〈3番〉

リズムに合わせて膝をたたきます。

〈4番〉

リズムに合わせて足を鳴らします。

きょうはうれしいクリスマス

(作詞・作曲／蝶間林裕美)

C Dm Em Am F C
1.もみのきかざって おいわいしましょう
2.ローソクともして おいわいしましょう
3.うたをうたって おいわいしましょう
4.くつしたさげて おいわいしましょう
クリスマス
F C F C F C
クリスマス きょうはうれし い クリスマス

シーツでお餅つき

ねらい

みんなで力を合わせて餅つき遊びを楽しみ、お正月への期待を高める。

1

シーツを広げ、その上にレジ袋のお餅を載せます。

大きなお餅を作るよ
このシーツが
臼の代わりね
作る作る！
小さなお餅（レジ袋に
新聞紙を入れて作る）。

2

みんなでシーツの四隅を持って、上下に揺らします。

それっ！
ペッタンペッタン！
ペッタンペッタン

3

保育者がシーツを包んで隅を結び、結び目を下にして大きなお餅にします。みんなで食べるまねをして遊びます。

大きなお餅の
できあがり！
おいしい！
わーい！

お餅つけたかな？

ねらい
臼やお餅になったつもりで、体全体を動かして友達といっしょに遊ぶ。

1
10人くらいで手をつないで丸くなり、臼を作ります。真ん中にはお餅役の子が立ちます。

2
全員で「ペッタン　ペッタン　ペッタン　餅つき　ペッタン」と言いながら、リズムに合わせてその場でジャンプをします。

3
臼がみんなで、「つけたかな？」と聞き、「お餅」が「まだだよ」と答えたら、さらに2を繰り返します。「お餅」が「もういいよ」と答えたら、臼は、「ムシャムシャ」と言いながら、真ん中のお餅役の子どもを食べるまねをします。

1月 年賀状でーす

ねらい
年賀状を書き、友達に配達して、郵便やさんごっこを楽しむ。

1 園庭にポストを置き、みんなで年賀状を入れに行きます。

年賀状をポストに
入れましょう
ワクワク

2 子どもたちは園庭いっぱいに広がり、配達係は、帽子とバッグを身につけます。保育者がはがきを1枚選んで配達係に渡します。

○○ちゃんに
届けてね
はい！

3 配達係は年賀状を本人に届けます。配達をする役を交代しながら繰り返し、全員に届けましょう。

いいなー
はーい
○○ちゃん
年賀状だよ
わたしのは
まだかな
次はぼくが
配りたいなー

郵便グッズの作り方

帽子に郵便マークを貼る。

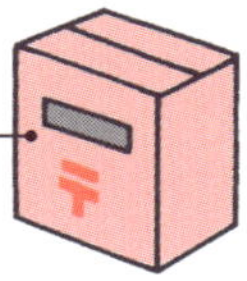
段ボール箱でポストを作る。

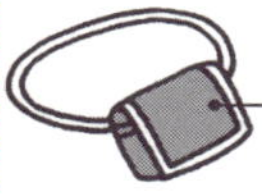
園バックを配達係のバッグにする。

ありさ
かいと
子どもが画用紙に好きな絵を描き、保育者が名前を書く。届ける相手の名前は裏面に書く。

お正月すごろく

子どもたちは1グループ5～6人になり、じゃんけんで順番を決めます。順番がきたらサイコロを振り、出た目の言葉の音の数だけコースを進みます（「こま」は2音なので、2歩進む）。そのときに、こまなら「こ・ま！」と大きい声を出して進むようにします。全員クリアできたら、次のチームに交代します。

ねらい

自分をすごろくのこまに見立てて、ルールのあるゲームを楽しむ。

サイコロの作り方

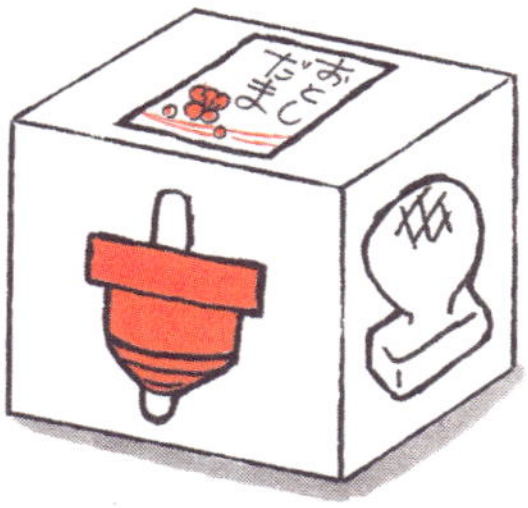

両手で持てるくらいの大きさの段ボール箱に、「こま」「お餅」「お年玉」を描いた画用紙を、対面が同じ絵柄になるように貼る。

床にフープやビニールテープですごろくのコースを作り、スタートとゴールを決めます。

写真でカルタ

子どもたちの写真カルタを並べて遊びます。

ねらい

保育者の言葉と写真に集中して、取るカルタをすばやく判断する。

かけっこがとっても速いたけしくん
読み札
子どもたちの特徴をあらかじめ書いておく。
あった！
たけしくんはどこかな？
わかった！
ぼく？

絵札

写真を丸く切って図書フィルムを貼り、ワッペンふうにアレンジする。

雪山かくれんぼ

ねらい

雪山に隠れたり、隠れている子の人数を当てたり、役割を交替して遊ぶ。

1

雪山に隠れる子を3人選び、他の子に見えないように布をかけます。

静かにね
♪ゆきや こんこ あられや こんこ

保育者は雪山に隠れる子を２人と１人の２組に分けて布をかけます。
残りの子どもたちは、後ろを向いて「雪」の歌をうたって待ちます。

2

うたい終えたら子どもたちは前を向きます。どちらの雪山の方に多く隠れているのかを考え、答えます。

どっちに多く
隠れているかな？
こっちだと
思う人？
どっちかな？
あっちかな？
はーい！

答えが出揃ったところで、布を取って答え合わせをします。

●歌●
「雪」（文部省唱歌）

ケンパでタッチ

ねらい
両足や片足でジャンプすることを楽しみ、戸外で元気に遊ぶ。

1

園庭に円で「ケンパ」のコースを描きます。まずは保育者がジャンプして見せ、子どもたちがまねをして続きます。

後について来てね
パー
グー

「ケンケン」と片足で、「グーグー」は両足をそろえて跳びます。どちらで跳んでもよいでしょう。

2

コースの最後まで行ったら、「○○にタッチして帰って来てね」と声をかけます。

あの木にタッチして帰って来てね
グー
グー
パー
タッチ！

コースを変えて繰り返しましょう。

へびへび長くなれ

ねらい
言葉に合わせてリズミカルに動きながら、友達と触れ合って遊ぶ。

1 へび役の子を1人決めます。

ニョーロニョーロながくなれ

へび役以外の子どもたちは円になって座り、手拍子をしながら歌います。へび役の子は、両手を合わせてへびのようにクネクネ動かしながら自由に歩き回ります。

2 へび役は最後の「♪ながくなれ」の「♪れ」で止まり、目の前に座っていた子の頭を両手で「パクッ」と挟みます。

パクッと
頭を食べる
まねをしてね
食べられた！

へび役の子は、目の前にいる子の頭を両手で挟んで食べるまねをします。

3 頭を食べられた子が、今度はへび役になります。

ニョーロニョーロながくなれ

最初のへび役の子は、新しいへび役の子の後ろにつながります。1 から繰り返し遊び、全員で長いへびを作れるまで遊びましょう。

へびへび長くなれ
（作詞・作曲／渡辺リカ）

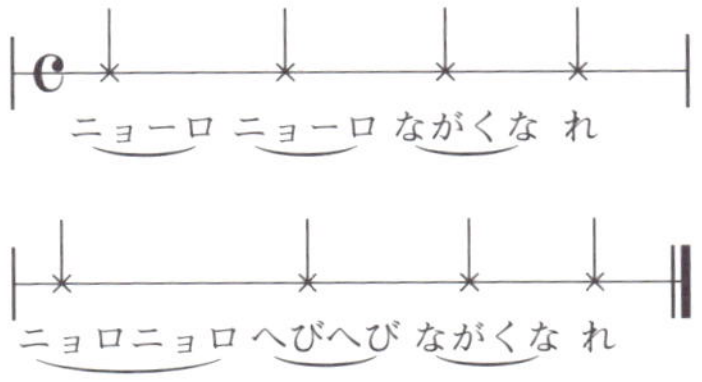
ニョーロ ニョーロ ながくな れ
ニョロニョロ へびへび ながくな れ

牛乳パックダーツ

1

床にビニールテープで囲みを作り、食べ物カードを置きます。子どもたちが囲みの周りに立ち、一人ひとり交代で牛乳パックを投げます。

ねらい

ねらったカードに当たった喜びを味わいながら、表現遊びを楽しむ。

2

牛乳パックが落ちた所の食べ物をジェスチャーで表現して遊びます。

カードの作り方

はがき大の画用紙に、食べ物の絵を描く。ジェスチャーがしやすい食べ物にしましょう。

電子レンジでバレリーナ

バレリーナになったつもりで軽やかに踊ります。

ねらい
電子レンジの様子を、つま先や片足で立つ、回転するなどの動きで表現する。

❶♪でんしレンジで

バレリーナのポーズで右回りに1周します。

❷♪バレリーナ

両手を広げ、ひざを曲げてポーズをとります。

❸♪でんしレンジで　バレリーナ

❶❷を繰り返します。

❹♪アンドゥ

つま先立ちで両手を上にあげ、右へチトチト歩きます。

❺♪トロワーと

両手を広げ、足を交差させながらひざを曲げます。

❻♪アンドゥ　トロワーと

❹の動作を左向きで行い、❺のポーズをとります。

❼♪あたためたい

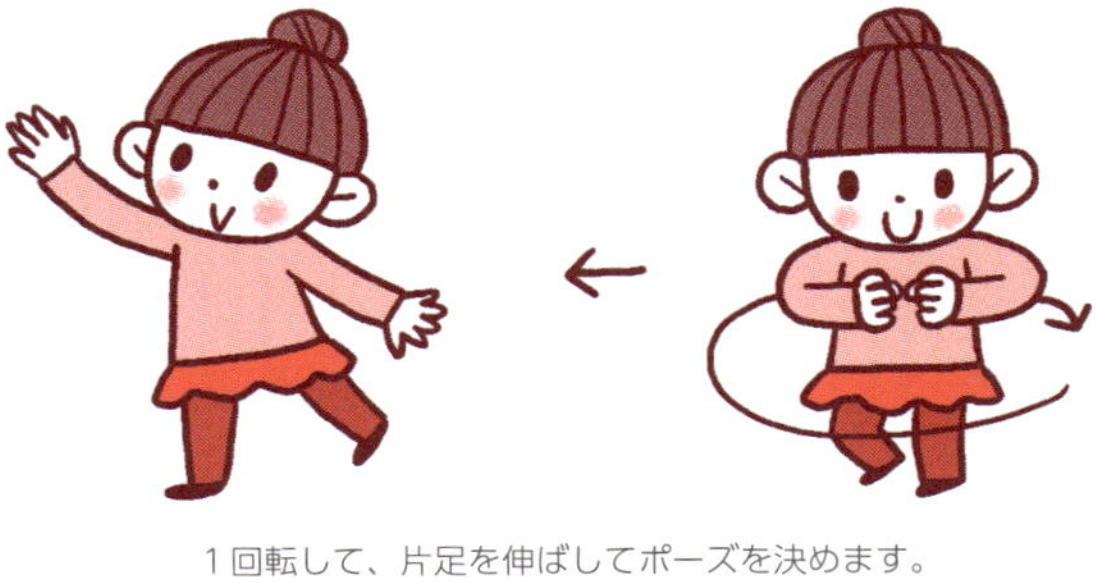

1回転して、片足を伸ばしてポーズを決めます。

電子レンジでバレリーナ

（作詞／福田りゅうぞう　作曲／谷口國博）

でんし　レンジ　で　バレリー　ナ　でんし　レンジ　で　バレリー
ナ　アンドゥ　トロワーと　アンドゥ　トロワーと　あたためたい

おに退治玉入れ

ねらい
箱や穴をねらって玉を投げ、玉入れとおに退治の両方を楽しむ。

1
2チームに分かれ、おにを2か所に置きます（イラストは1チーム）。新聞紙を丸めた玉を投げておにに当て、箱に入れます。

えいっ

玉がたくさん入ったチームの勝ちです。

おにの作り方

段ボール板のおに
段ボール箱

段ボール箱を２つつなぎ合わせ、中央におにを挟みます。

2
おにの体に穴を開け、向こう側にある箱にも玉を入れて遊びます。

穴を開けます。
向こう側の箱にも入るかな？
おには外！
えいっ

豆まきゲーム

ねらい

行事をテーマにした遊びを楽しみながら、すばやい判断と動きを競う。

1

中央にかごを置き、その回りに人数分の座布団とお手玉を置きます。子どもたちは円形になって「豆まき！　豆まき！」と言いながら、リズミカルに歩き回ります。

2

保育者が「パンパン」と2回拍手をして、「福は？」と言い、子どもたちは「うち！」と言って、近くの座布団に座ります。次に保育者が「おには？」と言ったら子どもたちは「そと！」と言い、お手玉を拾ってかごに投げ入れます。

にこにこ おに

ねらい
歌に合わせて頬を膨らませたり、いろいろな表情をしたりすることを楽しむ。

にこにこおにや、ぷんぷんおにになってにらめっこをして遊びます。

❶♪にこにこ　わらったら

にこにこ顔で両手を顔の前で開き、左右に振ります。

❷♪にこにこおにが　やってきた

両手の人さし指を立てて、上下に動かします。

❸♪ぷんぷん　おこったら

頬を膨らませて、ぷんぷん顔で腕組みをして、体を左右に揺らします。

❹♪ぷんぷんおにが　やってきた

両手の人さし指を立てて、上下に動かします。

❺♪にらめっこ

手のひらを外に向け、顔の前で交差させてから開きます。

❻♪あっぷっぷ

膨らませた頬を人さし指でつつきます。

❼♪にらめっこ　あっぷっぷ
❺❻と同様にします。

にこにこ　おに　（作詞・作曲／浅野ななみ）

に こ に こ わら った ら にこ にこ おに が やっ てき た
ぷ ん ぷ ん おこ った ら ぷん ぷん おに が やっ てき た
に らめっ こ あっ ぷっ ぷ に らめっ こ あっ ぷっ ぷ

てぶくろ くつした

手袋、靴下、帽子などを身につけるしぐさを表現して遊びます。

ねらい
いろいろな物を身につける動きを表現しながら、体を動かすことを楽しむ。

❶♪てぶくろ

両手をパーにして開きます。

❷♪ポンポン

２回拍手します。

❸♪くつした

両手で足を触ります。

❹♪ポンポン

❷と同様にします。

❺♪ぼうし

両手を頭の上に載せます。

❻♪えりまき　あったかい

両手を胸の前で交差させてから、体を左右に揺らします。

❼♪さむさなんかに　まけないよ

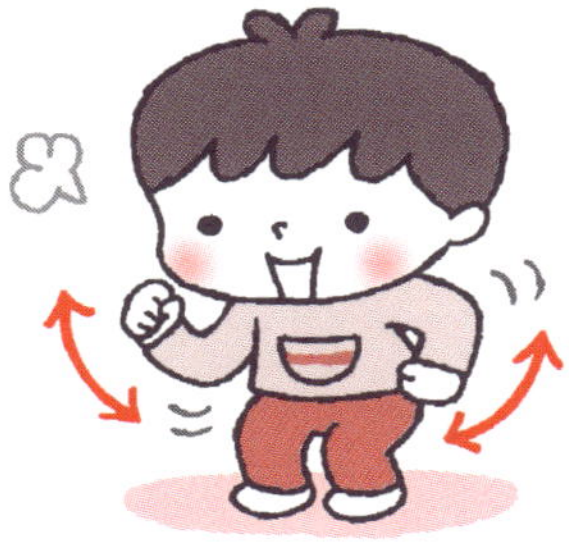

肘を曲げて前後に腕を振り、かけっこのしぐさをします。

❽「ポーズ」

自由にポーズをします。

てぶくろ　くつした

（作詞・作曲／浅野ななみ）

て ぶく ろポン ポン く つし たポン ポン ぼう し えりまき
あっ た かい さ む さな んか に ま けな いよ「ポーズ」

トンネル雪合戦

ねらい

雪合戦をイメージして、玉がうまく穴を通るように投げて遊ぶ。

1

中央に穴を開けた新聞紙を用意します。子どもたちは新聞紙を境にして赤、白の2チームに分かれ、玉入れ用の玉を1人2個ずつ持ちます。

自分のチームの色の玉を持ちます。

2

「スタート」の合図で、玉を投げ込みます。全員が投げ終わったら、終了です。相手の方にたくさん玉を投げ入れたチームの勝ちです。

合体雪だるま

ねらい

友達と協力しながら、1つの物を完成させる喜びを味わう。

1

2チームに分かれ、チーム内をさらに半分に分けて、両端にスタンバイします。それぞれのチームの前に、雪だるまの体と頭を1つずつ置きます。

2

保育者の「よーい、スタート!」のかけ声で、みんなで頭と体を中央に運び、自分のチームの体と頭を合体させます。先に雪だるまを重ねられたチームの勝ちとなります。

雪だるまボールの作り方

白いポリ袋に、丸めた新聞紙を詰めた物を4つ（大小2つずつ）作る。

セロハンテープで口を留めて、丸い形に整える。頭は体より少し小さめに作り、体は押すと少しへこむくらい余裕をもたせて留める。

頭2つにビニールテープで目や鼻を貼る。顔と体はくっつけずに、別々にしておく。

転がそう!
落とさないように!
ヨシ! のせよう!
しっかり!

背中ずもう

ねらい

友達と全身を使った押しずもうをして、元気に遊ぶ。

1 円を描き、その中で子どもたちは後ろ向きで輪になります。保育者の合図で背中やお尻で押し合い、円から出たら負けです。負けたら円の外で座って応援しましょう。

背中と
お尻でする
おすもうですよ
おっと…
あーっ

あまり激しく押し合わないようにフォローしましょう。

2 最後の2人になったら、背中合わせで押し合い、相手を円から出したり、たくさん押した子が優勝です。

円の中に残ったら
優勝よ
がんばれー
よーし

負けないわよー
よいしょ

保育者対子どもや、保育者対子ども２～３人でも遊んでみましょう。

ハイポーズ！

ねらい

保育者の合図に合わせてポーズをすばやくとるゲームをして、体を動かして遊ぶ。

1

保育者の合図に合わせてポーズの練習をします。

2

ポーズを覚えたらゲームを開始します。保育者の合図に合わせてすばやくポーズをとります。

間違えてしまった子はその場に座ります。最後まで間違えずにできた子がチャンピオンになります。

3月 ひしもち もっちもち

ねらい

3色でひしもちを作るという目標を理解して、友達とグループを作って楽しむ。

1

子どもたちは、「ひしもち　ひしもち　もっちもち」と言いながら、裏返したひしもちカードの周りを回ります。

ひしもち　ひしもち　もっちもち…

あらかじめ、ひしもちの色の組み合わせについて子どもたちに話をしておきます。ひしもちカードは、画用紙をひし形に切り、片面をピンク、白、緑に塗ります。

2

保育者の「もっちもち～のもちっ!」の合図で1人1枚ずつひしもちカードをとります。友達のカードと合わせて、3色のひしもちカードをそろえます。

3色そろったね！
緑のカードの子いる？
ぼく緑！
えっと…

自分の色と違う色のひしもちカードを持っている友達を探し、「ピンク」「白」「緑」の3色がそろったらその場に座ります。早く座ることができた組を勝ちとして、繰り返し遊びましょう。

ランランひな祭り

ねらい
保育者の言葉をよく聞いて、自分で判断してすばやく動く。

1
全員で円になって椅子に座ります。保育者が「おひなさま」と言ったら、女の子だけが立ち、自分の椅子とは違う椅子に座ります。

おひなさま！
わたしだ！
あそこだ！

同様に「おだいりさま」と言ったら男の子だけが、「ひな祭り」と言ったら全員が立ち上がって、席替えをします。

2
保育者の声かけを子どもが担当して遊びます。

ひな祭り！
座れた！
あそこ
空いてる！
ここ！

椅子を２脚減らして、1 から同様に遊びます。椅子取りゲームと同じ要領で、座れなかった子が次の声かけ係になります。繰り返して遊びましょう。

ぼんぼりリレー

子どもたちを2チームに分けます。ペアになり、協力して風船ぼんぼりを運びます。

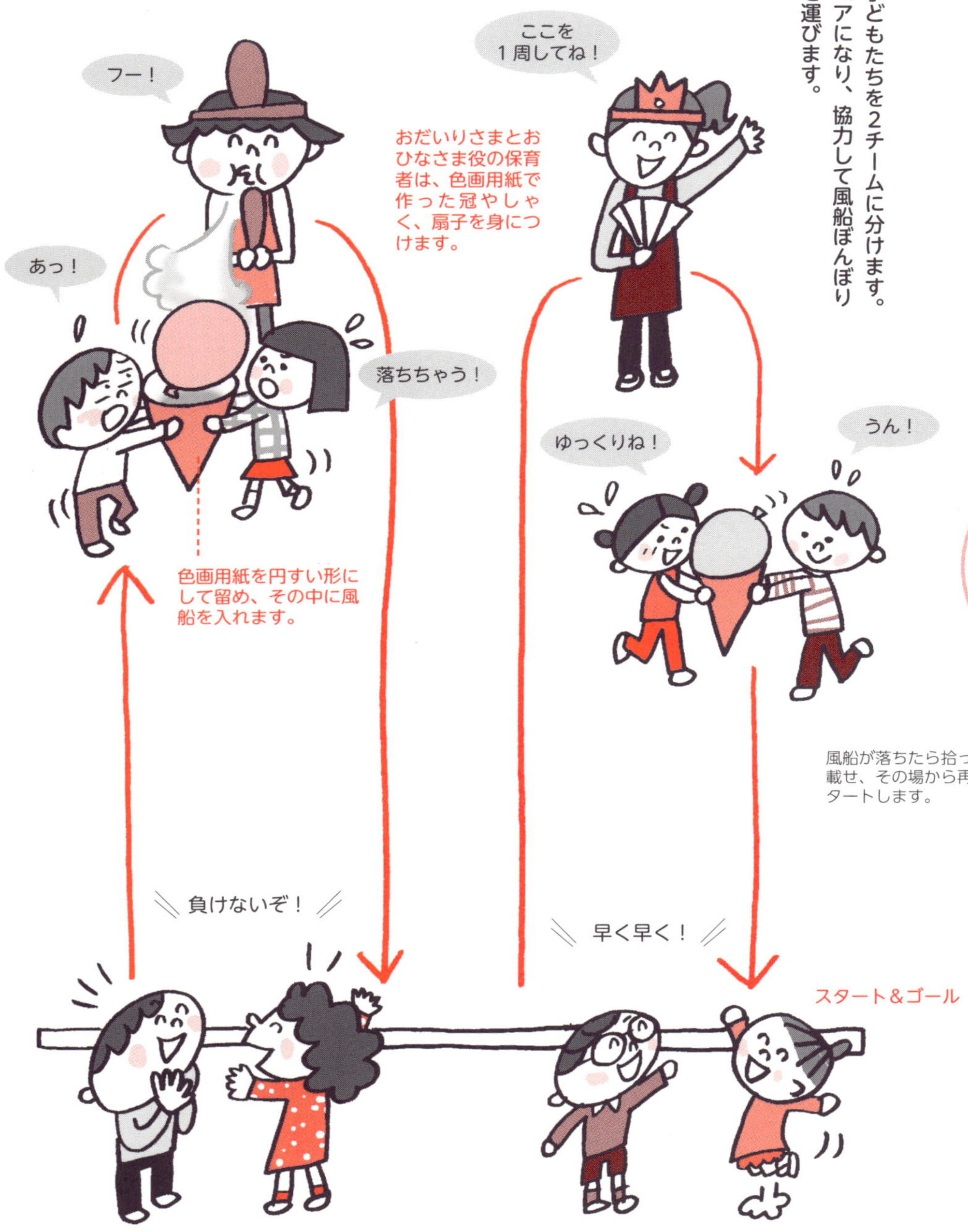

ねらい

ペアで協力し、風船ぼんぼりを落とさないように運ぶ楽しさを味わう。

保育者がおだいりさまとおひなさま役になり、冠やしゃく、扇子を身につけて立ちます。保育者は、息を吹きかけたり、風船をつついたりしてじゃまをしてもOKです。早く全員が終了したチームの勝ちとして遊びます。

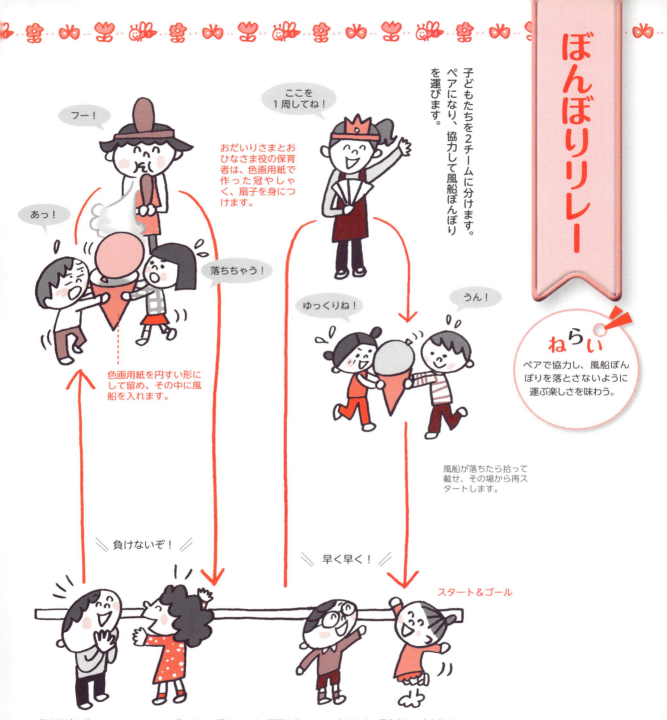

ずんずんゲーム

ねらい
何のカードが出てくるのか、ワクワクしながら遊びに参加する。

赤は止まって
その場で
拍手をします

1
保育者は「赤は止まってその場で拍手」「青は走る」「黄色は歩く」とカードを見せながらそれぞれ動きを説明しておきます。

♪ずんずん
♪ずんずん

2
保育者はカードを1枚選んで見せます。子どもたちはそのカードが指定する動きをしながら元気よくうたいます。「♪パパッヤー」の歌詞のところで、次のカードにチェンジします。歌のテンポを変えて、繰り返し遊びましょう。

ずんずん　（作詞・作曲／犬飼聖二）

C
F
C
ずん ずん ずん ずん ずん ずん ずん ずん パ パッ ヤ ー

ものまねリレー

ねらい
友達のジェスチャーをまねして、いろいろな表現を楽しむ。

1
子どもたち全員で円になり、座ります。手拍子を打ちながらリズミカルな歌をうたいます。途中で、保育者は1人の子どもの名前を呼びます。

2
名前を呼ばれた子は立ち上がり、中央に立って保育者が言った動物のものまねをします。周囲の子どもたちはそれをまねます。

「次は○○ちゃん。○○のまねをします」と次の子を指名し、遊びを続けます。

耳、耳、なんの耳？

ねらい

ユニークな動作を楽しみながら、保育者の言葉に合ったポーズを間違えずにすばやくとる。

1

保育者といっしょにポーズの練習をします。

先生

自分の耳の後ろに手のひらを当てます。

ぞう

耳の横で大きく円を作ります。

うさぎ

腕を伸ばして手首を曲げます。

2

保育者が言ったもののポーズをして遊びます。

耳、耳、なんの耳？
うさぎ！
パッ

子どもたちは手拍子に合わせて「耳、耳、なんの耳？」と唱えます。保育者は、「うさぎ！」などと３つの動きのどれかを言い、子どもたちは急いでそのポーズをします。

3

保育者が、言葉とは別のポーズをします。子どもたちはつられないように遊びましょう。

うさぎ！
あ…
パッ！

何度か繰り返し、遊びに慣れてきたら、保育者は、言葉とは別のポーズをします。子どもたちは、保育者のポーズに惑わされないように、言葉通りのポーズをします。

伸びろ！つくしんぼう

子どもたちを3チームくらいに分けて、背の高いつくしんぼうを作る競争をします。

ねらい

友達と協力しながら、チーム対抗で競って遊ぶ。

つくしんぼうの頭の作り方

段ボール箱などの口をクラフトテープでふさぐ。丸めた新聞紙をくっつけたものをその上に載せる。

クラフトテープで留める。

上から白いポリ袋をかぶせて貼り、模様を描く。

それぞれのチームに「つくしんぼうの頭」を置いておきます。保育者の合図で子どもたちは箱を取ってきて積み上げていきます。制限時間内に一番高く積み上げて、上につくしんぼうの頭を載せられたチームの勝ちです。

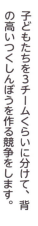

春風ラララ

リズムに乗って、グー、チョキ、パーの3種類の手遊びで遊びます。

ねらい
春を感じながらグー、チョキ、パーの入った手遊びを楽しむ。

グー

❶♪はるかぜ　ラララ

拍手を3回する。

❷♪はるかぜ　ラララ

❶と同様にする。

❸♪はるだ

右手でグーを出す。

❹♪ねむいな

左手もグーにして出す。

❺♪こねこが

両手のグーを胸の真ん中で合わせる。

❻♪グー！

両手のグーを枕にして寝るまねをする。

チョキ

※❶❷は「グー」と同様にする。

❸げんき

右手でチョキを出す。

❹♪いっぱい

左手もチョキを出す。

❺♪みんなで

両手のチョキで顔を隠す。

❻♪ピース!!

両手を前に出す。

パー

※❶❷は「グー」と同様にする。

❸♪かぜに

右手でパーを出す。

❹♪ふかれて

左手もパーを出す。

❺♪おはなが

両手の手のひらを合わせる。

❻♪パッ!!

両手の手首を合わせて花が咲いているようにする。

春風ラララ

（作詞・作曲／渡辺リカ）

はるかぜ　ラララ　はるかぜ　ラララ

はるだ　ねむいな　こねこが　グー！
げんき　いっぱい　みんなで　ピース！！
かぜに　ふかれて　おはなが　パッ！！

遊び案執筆（50音順）

浅野ななみ（乳幼児教育研究所）
あそび工房らいおんバス
大村哲平（きのいい羊達スマイルキッズ）
菊池一英（日本児童教育専門学校専任講師）
キッズスマイルカンパニー
木村 研（児童文学者、おもちゃ・遊びの研究家）
須貝京子（ NPO 法人あそび環境 Museum アフタフ・バーバン）
高崎はるみ（あそび工房らいおんバス）
竹内淳（きのいい羊達スポーツキッズ）
福田りゅうぞう（カエルちゃんオフィス）
山本美聖（関西あそび工房）
りんごの木こどもクラブ
渡辺リカ（アトリエ自遊楽校）

表紙・扉絵	たちのけいこ
本文イラスト	浅羽ピピ、有栖サチコ、いとう・なつこ、うつみのりこ、おおたきょうこ、川添むつみ、坂本直子、たかぎ*のぶこ、常永美弥、中小路ムツヨ、にしだちあき、野田節美、みやれいこ、福々ちえ、Meriko、渡辺優子
カバー・扉デザイン	株式会社リナリマ
本文デザイン・DTP	株式会社フレア
楽譜浄書	株式会社クラフトーン
本文校正	有限会社くすのき舎
編集	石山哲郎、田島美穂

まいにち元気！ 3歳児のあそびBOOK

2016年2月 初版第1刷発行

編者／ポット編集部 ©CHILD HONSHA CO.,LTD.2016
発行人／浅香俊二
発行所／株式会社チャイルド本社
〒112-8512 東京都文京区小石川5-24-21
電話／03-3813-2141（営業） 03-3813-9445（編集）
振替／00100-4-38410
印刷・製本／共同印刷株式会社
ISBN978-4-8054-0242-9
NDC376 24×19cm 104P Printed in Japan
<日本音楽著作権協会（出）許諾第1513639-501号>